LUIZ RICARDO MANTOVANI DA SILVA

Ciência, Tecnologia e Sociedade

Copyright © 2024 by Luiz Ricardo Mantovani da Silva.
Todos os direitos reservados e protegidos pela Lei 9.610, de 19.2.1998.
É proibida a reprodução total ou parcial, por quaisquer meios,
bem como a produção de apostilas, sem autorização prévia,
por escrito, da Editora.

Direitos exclusivos da edição e distribuição em língua portuguesa:
Maria Augusta Delgado Livraria, Distribuidora e Editora

Direção Editorial: *Isaac D. Abulafia*
Gerência Editorial: *Marisol Soto*
Copidesque: *Tatiana Paiva*
Revisão: *Doralice Daiana da Silva*
Diagramação e Capa: *Julianne P. Costa*

Dados Internacionais de Catalogação na Publicação (CIP)
de acordo com ISBD

```
   S586c      Silva, Luiz Ricardo Mantovani da

                 Ciência, Tecnologia e Sociedade / Luiz Ricardo
              Mantovani da Silva. - Rio de Janeiro, RJ : Freitas
              Bastos, 2024.
                 168 p. : 15,5cm x 23cm.

                 Inclui bibliografia.
                 ISBN: 978-65-5675-446-8

                 1. Ciência. 2. Tecnologia. 3. Sociedade. 4. Ino-
              vações tecnológicas. I. Título.
   2024-3600                                         CDD 004
                                                     CDU 004
```

Elaborado por Odilio Hilario Moreira Junior - CRB-8/9949

Índices para catálogo sistemático:
1. Ciência da Computação 004
2. Ciência da Computação 004

Freitas Bastos Editora
atendimento@freitasbastos.com
www.freitasbastos.com

Luiz Ricardo Mantovani da Silva é mestre em Ciências da Computação e professor universitário há nove anos, ministrando diversas disciplinas, como Sistemas Operacionais, Redes de Computadores e Sistemas Distribuídos. É associado ao Instituto de Engenharia de São Paulo e à Abraweb. Também é sócio-fundador da Mantovani Technology and Innovation. É autor de diversos livros na área da computação, como "Organização e Arquitetura de Computadores: uma Jornada do Fundamental ao Inovador" e "Circuitos Digitais: Fundamentos, Aplicações e Inovações", ambos lançados pela editora Freitas Bastos.

Sumário

Capítulo 1:

**Introdução – Ciência, tecnologia e sociedade:
uma relação complexa** 9

1.1 Definindo o escopo: o que são ciência e tecnologia? 9
1.2 Visão geral da interação entre ciência, tecnologia e
sociedade 12
    1.2.1 Influência da sociedade na ciência e tecnologia 12
    1.2.2 Impacto da ciência e tecnologia na sociedade 13
    1.2.3 Desafios éticos e sociais 15
    1.2.4 Ciência e tecnologia como reflexo da sociedade 17
    1.2.5 Políticas públicas e regulação 19

Capítulo 2:

História da ciência e tecnologia e seu impacto social .21

2.1 Revoluções tecnológicas e científicas ao longo da história ...21
    2.1.1 A Revolução Agrícola 22
    2.1.2 A Revolução Industrial 24
    2.1.3 A era da informação 26
2.2 Como a ciência e a tecnologia moldaram a sociedade
em diferentes épocas 28
    2.2.1 Impacto social e cultural 28
    2.2.2 Desenvolvimento econômico e trabalho 29
    2.2.3 Transformação da educação e do conhecimento 31
    2.2.4 Mudanças na saúde e na longevidade 33
    2.2.5 Questões ambientais e sustentabilidade 34

Capítulo 3:

A era da informação e a sociedade digital 38

3.1 Emergência e evolução da *internet* 38
3.2 Impactos da digitalização em comunicação, trabalho
e lazer 41
3.3 Considerações finais: a natureza dupla da *internet* e da
digitalização oportunidades e benefícios 43

Capítulo 4:
Redes sociais, comunicação e fenômenos da era digital 45
4.1 O surgimento das redes sociais 45
4.2 Efeitos nas relações interpessoais e na comunicação pública 47
4.3 Discussão sobre bolhas nas redes sociais, *deep fake* e voz artificial 48
    4.3.1 Bolhas de filtro nas redes sociais 49
    4.3.2 Desafios de autenticidade: *deep fake* e voz artificial 50

Capítulo 5:
Tecnologia e mudança cultural 54
5.1 Tecnologia como influenciadora de valores e normas culturais 55
5.2 O papel da tecnologia na arte e na expressão criativa 56
5.3 Impacto da pós-verdade e das crenças na era digital 58

Capítulo 6:
Inteligência artificial e sociedade 61
6.1 Fundamentos e desenvolvimento da inteligência artificial ..62
6.2 Implicações éticas, econômicas e sociais da IA 64

Capítulo 7:
Tecnologia, privacidade e vigilância 65
7.1 Problemas de privacidade na era digital 66
7.2 Vigilância governamental e corporativa 68
7.3 Debates sobre segurança *versus* privacidade 69
    7.3.1 Tecnologias de vigilância 70
    7.3.2 Argumentos a favor da segurança 72
    7.3.3 Argumentos a favor da privacidade 77
    7.3.4 Casos legais e regulamentações: legislação internacional e nacional 80
    7.3.5 Desafios legais e éticos: dilemas enfrentados pelos legisladores ao equilibrar segurança e privacidade 81
    7.3.6 Estudos de caso 87
    7.3.7 Debate atual e perspectivas futuras 89
    7.3.8 Tecnologia emergente e novos desafios 92

Capítulo 8:

Impacto econômico da tecnologia 94
8.1 Tecnologia e transformação do mercado de trabalho...........94
8.2 Economia *gig* e automação 97
8.3 Desigualdades econômicas exacerbadas pela tecnologia......99

Capítulo 9:

Tecnologia e educação....................................101
9.1 Tecnologias emergentes no ensino e aprendizagem...........101
9.2 Acesso e inclusão digital na educação............................104
9.3 Impacto da tecnologia no desenvolvimento cognitivo.......105

Capítulo 10:

Tecnologia, saúde e bioética 107
10.1 Avanços tecnológicos na medicina...............................107
10.2 Questões éticas em biotecnologia e engenharia genética 111
10.3 Tecnologia e saúde mental...113

Capítulo 11:

Sustentabilidade e tecnologia ambiental 116
11.1 Tecnologia na mitigação das mudanças climáticas 117
11.1.1 Inovações em energias renováveis............................117
11.2 Soluções tecnológicas em carbono negativo 118
11.3 Inovações sustentáveis e energia verde 119
11.3.1 Tecnologias verdes e seu papel na sustentabilidade ... 119
11.3.2 Desafios e oportunidades no setor de energia verde.. 121
11.4 Impactos ambientais da produção e descarte
   tecnológico...122
11.4.1 Problemas ambientais do descarte eletrônico............122
11.5 Estratégias para um descarte sustentável.......................124

Capítulo 12:

Fake news, desinformação e seus impactos na sociedade 127
12.1 Introdução 127
12.2 Análise do fenômeno das *fake news*............................*127*

12.2.1 Definição e origem 128
12.2.2 Mecanismos e disseminação 129
12.3 Como a desinformação afeta a sociedade e a política 130
12.3.1 Impactos na sociedade 131
12.3.2 Influência na política 133
12.4 Estratégias para combater a desinformação 134
12.4.1 Iniciativas governamentais e regulação 134
12.4.2 Papel das plataformas de mídia social e educação
midiática 136
12.4.3 Desenvolvimentos tecnológicos e ferramentas de
verificação de fatos 137

Capítulo 13:
Futuro da tecnologia e desafios sociais 140
13.1 Introdução 140
13.2 Previsões e tendências emergentes 140
13.2.1 Avanços tecnológicos 141
13.2.2 Impacto na sociedade e economia 142
13.3 Desafios sociais e éticos futuros 143
13.3.1 Questões éticas da IA 144
13.3.2 Desigualdade e acesso à tecnologia 145
13.4 O papel da tecnologia na construção de um futuro
sustentável 146
13.4.1 Tecnologias sustentáveis 147
13.4.2 Promovendo a sustentabilidade por meio da
inovação 148

Capítulo 14:
Equilibrando ciência, tecnologia e valores humanos 151
14.1 Reflexões finais 151
14.2 Equilibrando inovação tecnológica e científica com
responsabilidade social 152
14.3 Perspectivas para o futuro 152

Referências 153

Capítulo 1:

Introdução – Ciência, tecnologia e sociedade: uma relação complexa

1.1 Definindo o escopo: o que são ciência e tecnologia?

Ciência é um sistema de aquisição de conhecimento baseado no método científico, bem como o corpo organizado de conhecimento adquirido por meio de tal pesquisa. A ciência é caracterizada por sua abordagem sistemática, crítica e empírica na investigação de fenômenos naturais. Ela busca entender as leis da natureza e aplicá-las para o benefício da humanidade.

"Ciência é um sistema de aquisição de conhecimento baseado no método científico, bem como o corpo organizado de conhecimento adquirido por meio de tal pesquisa" (Kuhn, 1970). Segundo Kuhn (1970), em sua obra fundamental "A Estrutura das Revoluções Científicas", a ciência avança por meio de paradigmas que definem o que é considerado conhecimento legítimo em um dado momento. A ciência progride por meio da formulação de hipóteses que podem ser testadas e potencialmente refutadas, o que reflete o rigor e a objetividade do método científico (Popper, 2008). Nesse aspecto, Bronowski (1978), em "A Ascensão do Homem", enfatiza o papel da ciência em impulsionar o progresso humano por meio do entendimento e aplicação das leis naturais.

Figura 1.1: A busca pelo conhecimento

Fonte: Gerado via DALL.E, 2024.

Tecnologia, por outro lado, envolve a aplicação de conhecimentos científicos e técnicos para projetar, construir e utilizar máquinas, dispositivos, sistemas ou processos para resolver problemas ou atingir objetivos específicos. Ela está intrinsecamente ligada à inovação e ao desenvolvimento, moldando e sendo moldada pelas necessidades, desejos e contextos culturais da sociedade.

"Tecnologia envolve a aplicação de conhecimentos científicos e técnicos para projetar, construir e utilizar máquinas, dispositivos, sistemas ou processos para resolver problemas ou atingir objetivos específicos". Como afirma Winner (1986) em "A Arte de Inovar: Política, Arte e Mudança Social na Tecnologia", a tecnologia não é apenas um produto da ciência, mas uma extensão da capacidade humana para modificar o ambiente e adaptar-se a ele. Bijker, Hughes e Pinch, em "A Construção Social da Tecnologia" (1987), explicam que a tecnologia é um fenômeno social, influenciado por fatores econômicos, culturais e políticos, e que suas trajetórias e formas são moldadas por grupos sociais com interesses variados.

Figura 1.2: Equipamento criado

Fonte: Gerado via DALL.E, 2024.

As tecnologias não apenas respondem às necessidades da sociedade, mas também criam novas demandas e transformam o tecido social. McLuhan (1964), em "Os Meios de Comunicação como Extensões do Homem", argumenta que cada nova tecnologia redefine as relações humanas e os padrões de interação, alterando assim a estrutura da sociedade.

1.2 Visão geral da interação entre ciência, tecnologia e sociedade

A relação entre ciência, tecnologia e sociedade é intrincadamente interconectada e codependente. Essa interação pode ser vista como um ciclo contínuo, em que avanços científicos impulsionam inovações tecnológicas, que, por sua vez, influenciam e são influenciadas pelos contextos sociais, culturais, econômicos e éticos.

1.2.1 Influência da sociedade na ciência e tecnologia

As prioridades sociais e culturais desempenham um papel crucial no direcionamento da pesquisa científica e do desenvolvimento tecnológico. Conforme argumenta Jasanoff (2004) em "States of Knowledge: the Co-Production of Science and Social Order", a sociedade não é apenas um receptor passivo de inovações tecnológicas, mas um participante ativo na formação da direção da pesquisa e desenvolvimento.

Um exemplo claro disso é a demanda por energia sustentável, que tem impulsionado pesquisas significativas em fontes de energia renováveis. Latour (1987), em "Science in Action: How to Follow Scientists and Engineers Through Society", demonstra como as preocupações ambientais têm moldado a pesquisa em energia, levando ao desenvolvimento de tecnologias mais limpas e eficientes.

Além disso, questões éticas e culturais também podem restringir ou direcionar certas áreas de pesquisa. Por exemplo, os debates éticos em torno da engenharia genética e das células-tronco têm influenciado as políticas de financiamento e regulamentação nessas áreas, como discutido por Kitcher (2001) em "Science, Truth, and Democracy". Essas decisões éticas refletem os valores e crenças predominantes na sociedade e têm um impacto direto na trajetória da pesquisa científica.

A interação entre a ciência e a tecnologia e os aspectos sociais e culturais é, portanto, uma via de mão dupla. Conforme Bijker e Law (1992) afirmam em "Shaping Technology/Building Society: Studies in Sociotechnical Change", a tecnologia é tanto moldada quanto moldadora das estruturas sociais e culturais. Essa dinâmica demonstra a importância de considerar as implicações sociais na condução da pesquisa científica e no desenvolvimento tecnológico.

1.2.2 Impacto da ciência e tecnologia na sociedade

O impacto da ciência e da tecnologia na sociedade é vasto e multifacetado, reconfigurando continuamente a maneira como vivemos, trabalhamos e nos comunicamos. Desde a Revolução Industrial até a era digital, observamos uma transformação significativa nas estruturas sociais, econômicas e culturais, impulsionada por avanços tecnológicos.

Transformação social e cultural: a tecnologia tem alterado fundamentalmente nossas interações sociais e práticas culturais. Castells (1996), em "The Rise of the Network Society", discute como a era da informação, caracterizada pelo advento das tecnologias digitais, transformou a estrutura social em uma "sociedade em rede". Essas mudanças são evidentes na forma como as redes sociais digitais remodelaram a comunicação e as relações interpessoais.

Figura 1.3: Interações humanas no século XXI

Fonte: Gerado via DALL.E, 2024.

Economia e mercado de trabalho: economicamente, a tecnologia tem um impacto profundo. Rifkin (1995) argumenta, em "The End of Work", que a automação e a digitalização estão levando a uma nova era econômica, em que o trabalho tradicional está sendo redefinido. A emergência da economia *gig* e o aumento do trabalho remoto são testemunhos dessa transformação.

Inovação e desenvolvimento sustentável: a ciência e a tecnologia também desempenham um papel crítico no desenvolvimento sustentável. Como destacado por Sachs (2015) em "The Age of Sustainable Development", avanços tecnológicos são essenciais para enfrentar desafios globais como a mudança climática e a sustentabilidade ambiental.

Saúde e bem-estar: no campo da saúde, as inovações tecnológicas trouxeram avanços significativos. O trabalho de Khanna (2019) em "Tech Health: Como a Tecnologia Transformou a Saúde" ilustra como a tecnologia médica, desde diagnósticos avançados até terapias personalizadas, tem melhorado a qualidade de vida e a expectativa de vida.

Educação e aprendizado: a educação é outro setor profundamente impactado pela tecnologia. Em "The Digital Turn in Higher Education", Duderstadt, Atkins e Van Houweling (2002) exploram como as tecnologias digitais estão reformulando o ensino superior, tornando-o mais acessível e personalizado.

1.2.3 Desafios éticos e sociais

O avanço contínuo da ciência e tecnologia traz consigo uma gama de novos desafios éticos e sociais, que exigem reflexão e abordagens cuidadosas.

Privacidade e segurança cibernética: com a digitalização crescente, a privacidade tornou-se uma preocupação primordial. Zuboff (2019), em "The Age of Surveillance Capitalism", discute como os dados pessoais são coletados e utilizados por corporações, muitas vezes sem o consentimento explícito dos indivíduos, levantando sérias questões sobre direitos e privacidade na era digital. A segurança cibernética também se tornou um campo crítico, como O'Neil (2016) destaca em "Weapons of Math Destruction", em que algoritmos e *big data* podem levar a invasões de privacidade e injustiças.

Desigualdades sociais exacerbadas pela tecnologia: a tecnologia tem o potencial de agravar desigualdades sociais. Eubanks (2018), em "Automating Inequality", mostra como sistemas tecnológicos podem perpetuar e agravar a exclusão social e econômica. Esse aspecto é especialmente crítico quando consideramos o acesso desigual à tecnologia e a exclusão digital.

Impactos da automação no emprego: a automação é outro desafio ético e social significativo. David Autor (2015), em "Why Are There Still So Many Jobs? The History and Future of Workplace Automation", analisa como a automação, embora aumente a eficiência, pode levar à perda de empregos e desafiar as estruturas tradicionais do mercado de trabalho.

Ética na inteligência artificial: a ascensão da inteligência artificial (IA) traz questões éticas complexas. Russell (2019), em "Human Compatible: Artificial Intelligence and the Problem of Control", aborda os desafios éticos e os riscos potenciais associados à IA avançada, enfatizando a necessidade de alinhar os sistemas de IA com os valores humanos.

Figura 1.4: O equilíbrio da ética e tecnologia

Fonte: Gerado via DALL.E, 2024.

Impacto ambiental da tecnologia: por fim, os impactos ambientais da produção e descarte tecnológico são uma preocupação crescente. Em "Digital Rubbish: a Natural History of Electronics", Gabrys (2011) examina as consequências ambientais do ciclo de vida dos dispositivos eletrônicos, destacando a necessidade de práticas mais sustentáveis na indústria tecnológica.

Esses desafios refletem a complexidade da relação entre avanços tecnológicos e a sociedade, exigindo uma análise multidisciplinar e abordagens colaborativas para soluções efetivas. A discussão contínua dessas questões em fóruns públicos e acadêmicos é crucial para se navegar no futuro tecnológico de maneira responsável e ética.

1.2.4 Ciência e tecnologia como reflexo da sociedade

A ciência e a tecnologia, enquanto moldam a sociedade, são também reflexos dos valores, preconceitos e desigualdades existentes nela. Essa relação bidirecional evidencia que as decisões em ciência e tecnologia não são apenas determinadas por critérios técnicos ou científicos; elas também são influenciadas por fatores sociais, culturais e políticos.

Reflexo dos valores sociais: Hardy e Maguire (2010), em "Discursando a Ciência", argumentam que o plano científico é frequentemente influenciado por valores culturais e sociais, o que pode ser observado em como certas áreas de pesquisa recebem mais atenção e financiamento do que outras. Por exemplo, a ênfase em pesquisas voltadas para a tecnologia da informação nas últimas décadas reflete a valorização da era digital pela sociedade.

Preconceitos e desigualdades: a ciência e a tecnologia também podem perpetuar preconceitos e desigualdades. Noble (2018), em "Algorithms of Oppression", demonstra como os algoritmos utilizados em motores de busca e redes sociais podem reproduzir e amplificar preconceitos raciais e de gênero. Isso indica que as tecnologias, longe de serem neutras, podem refletir e exacerbar as desigualdades sociais.

Figura 1.5: Preconceitos e desigualdades na ciência e tecnologia

Fonte: Gerado via DALL.E, 2024.

Interesses de grupos dominantes: a direção do desenvolvimento tecnológico muitas vezes favorece interesses de grupos dominantes, como discutido por Winner (1980) em "Do Artifacts Have Politics?". Ele argumenta que as escolhas tecnológicas podem refletir e reforçar estruturas de poder e desigualdade social. Por exemplo, a concentração de pesquisas e desenvolvimento em tecnologias que beneficiam indústrias lucrativas, em detrimento de soluções para problemas ambientais ou de saúde pública, revela as prioridades dos grupos com maior influência econômica e política.

Inclusão e diversidade na ciência e tecnologia: a necessidade de maior inclusão e diversidade na ciência e tecnologia é um tema emergente. Faulkner (2009), em "Doing Gender in Engineering Workplace Cultures: Observations from the Field", examina como a cultura dominante em campos tecnológicos e de engenharia muitas vezes marginaliza vozes e perspectivas femininas. Nesse sentido, a diversidade em equipes de pesquisa e desenvolvimento é essencial para garantir que a ciência e a tecnologia atendam às necessidades de uma sociedade mais ampla, não apenas de seus segmentos dominantes.

Impacto social da tecnologia: a análise do impacto social da tecnologia é outra dimensão importante. Fuchs (2014), em "Social Media and the Public Sphere", explora como as mídias sociais refletem e moldam o espaço público, destacando a influência de fatores sociopolíticos nas tecnologias de comunicação.

1.2.5 Políticas públicas e regulação

O governo desempenha um papel determinante na modulação da relação entre ciência, tecnologia e sociedade. Por meio de políticas públicas, regulação e financiamento de pesquisa, os governos têm a capacidade de influenciar significativamente o desenvolvimento e a aplicação da ciência e tecnologia.

Influência nas prioridades de pesquisa: o financiamento governamental de pesquisa científica e tecnológica muitas vezes define as prioridades nacionais nesses campos. Jasanoff (1990), em "The Fifth Branch: Science Advisers as Policymakers", explora como as decisões de financiamento podem moldar a direção da pesquisa científica e tecnológica, refletindo as necessidades e objetivos nacionais.

Regulamentação e inovação: a regulação governamental é fundamental para garantir que a inovação tecnológica seja segura, ética e benéfica para a sociedade. Em "Regulating Innovation: European Approaches to Technology and Risk" (2012), Vogel discute como diferentes abordagens regulatórias na Europa têm moldado o desenvolvimento tecnológico, equilibrando inovação com proteção pública.

Políticas públicas para mitigar impactos negativos: políticas bem elaboradas são essenciais para mitigar os impactos negativos da tecnologia. Stilgoe, Owen e Macnaghten (2013), em "Developing a Framework for Responsible Innovation", argumentam que as políticas públicas devem promover uma inovação responsável, que considere os potenciais riscos sociais, éticos e ambientais.

Fomentando a inclusão e o acesso: o governo também tem um papel na promoção do acesso equitativo à tecnologia e na inclusão digital. Van Dijk (2006), em "Digital Divide: the New Challenges and Opportunities of e-Inclusion", destaca a importância de políticas públicas que abordem a divisão digital, assegurando que todos os segmentos da sociedade tenham acesso às tecnologias emergentes.

Ética e privacidade: questões de ética e privacidade são igualmente críticas. Em "Privacy, Data Protection and Emerging Sciences and Technologies: Towards a Common Framework" (2010), Friedewald, Wright, Mordini e Gutwirth discutem o papel das políticas públicas na proteção da privacidade e na regulamentação do uso de dados, especialmente em face de novas tecnologias, como a inteligência artificial e o *big data*.

Capítulo 2:

História da ciência e tecnologia e seu impacto social

2.1 Revoluções tecnológicas e científicas ao longo da história

Ao longo da história humana, diversas revoluções tecnológicas e científicas serviram como marcos transformadores, alterando fundamentalmente a maneira como as sociedades se organizam, interagem e evoluem. Cada uma dessas revoluções representou um salto significativo na capacidade humana de manipular e compreender seu ambiente, iniciando novos capítulos na história da civilização. Uma das mais impactantes entre essas mudanças foi a Revolução Agrícola. Ocorrida há cerca de 10.000 anos, essa revolução marcou a transição das sociedades humanas de um estilo de vida nômade, baseado na caça e coleta, para um estilo de vida sedentário e agrícola. Essa mudança não só transformou a interação dos seres humanos com o meio ambiente, como também estabeleceu as bases para o desenvolvimento de assentamentos estáveis e a emergência das primeiras civilizações. A Revolução Agrícola foi, assim, um ponto de inflexão que deu origem a novas estruturas sociais, sistemas econômicos e inovações tecnológicas, moldando profundamente o curso da história humana.

2.1.1 A Revolução Agrícola

O primeiro grande salto na história da tecnologia, conhecido como Revolução Agrícola, ocorreu há aproximadamente 10.000 anos e representou uma transformação fundamental na existência humana. Conforme Diamond (2003) destaca em "Armas, Germes e Aço", essa transição das sociedades de caçadores-coletores nômades para comunidades agrícolas assentadas não foi apenas uma revolução em termos de práticas de subsistência, mas também um divisor de águas na relação humana com o meio ambiente e nas estruturas sociais.

Figura 2.1: A Revolução Agrícola

Fonte: Gerado via DALL.E, 2024.

A imagem ilustra a Revolução Agrícola, um marco crucial na história da tecnologia e na evolução da sociedade humana. Na parte esquerda da figura, vemos representações de caçadores-coletores nômades, equipados com ferramentas primitivas, como lanças ou arcos, em um ambiente de natureza selvagem. Essa cena simboliza o estilo de vida ancestral da humanidade, dependente da caça, pesca e coleta para sua subsistência.

À medida que observamos o lado direito, a imagem faz uma transição suave para retratar as primeiras comunidades rurais. Aqui, vemos figuras humanas utilizando ferramentas agrícolas simples, como enxadas ou arados, em meio a campos cultivados. Essa parte da imagem representa a significativa mudança para um modo de vida sedentário, marcado pelo cultivo de plantas e domesticação de animais, levando à formação de comunidades agrícolas estáveis.

A domesticação de plantas e animais permitiu um fornecimento mais estável de alimentos, o que, segundo Bocquet-Appel (2011), em "When the World's Population Took Off: the Springboard of the Neolithic Demographic Transition", levou a um aumento significativo na população humana e à complexificação das sociedades. Essa transformação possibilitou o surgimento de assentamentos permanentes e o início das primeiras civilizações, como detalhado por Childe (1952) em "Man Makes Himself", em que ele explora como a agricultura foi essencial para o desenvolvimento de cidades e a posterior ascensão de civilizações complexas.

Além disso, a Revolução Agrícola teve implicações profundas na organização social e na divisão do trabalho. Bellwood (2005), em "First Farmers: the Origins of Agricultural Societies", analisa como a agricultura levou a novas formas de organização social, incluindo a propriedade da terra, estratificação social e, posteriormente, a formação de estados e impérios.

2.1.2 A Revolução Industrial

Avançando no tempo, a Revolução Industrial, que teve início no século XVIII, representa um dos períodos mais transformadores na história humana. Caracterizado por uma série de inovações tecnológicas, o período testemunhou a introdução de máquinas a vapor, a mecanização da produção e o surgimento de fábricas, alterando fundamentalmente as estruturas econômicas e sociais das sociedades.

Figura 2.2: A Revolução Industrial

Fonte: Gerado via DALL.E, 2024.

A imagem acima representa a Revolução Industrial. Ela ilustra a transformação significativa da sociedade pré-industrial para a era industrial, destacando a introdução de máquinas a vapor, a mecanização da produção e o surgimento de fábricas, e como esses avanços alteraram as estruturas econômicas e sociais.

Inovações tecnológicas e transformação econômica: a invenção da máquina a vapor por James Watt, como discutido por Nuvolari (2004) em "Collective Invention During the British Industrial Revolution: the Case of the Cornish Pumping Engine", foi crucial para o avanço da indústria e a mecanização de processos produtivos. Essa inovação não apenas aumentou a eficiência da produção, mas também permitiu a exploração de novos recursos, como minas de carvão mais profundas.

Impacto social e urbano: as mudanças tecnológicas trouxeram consigo transformações sociais profundas. Hobsbawm (1962), em "A Era das Revoluções: 1789-1848", analisa como a Revolução Industrial fomentou o crescimento urbano e o surgimento de uma nova classe trabalhadora urbana, além de intensificar a migração do campo para as cidades. Esse fluxo migratório foi acompanhado por um aumento na demanda por habitação e serviços urbanos, contribuindo para a formação de cidades industriais.

Mudança nas dinâmicas de trabalho: a Revolução Industrial também transformou o ambiente de trabalho e as relações laborais. Como discute Thompson (1963) em "The Making of the English Working Class", a introdução de jornadas regulares de trabalho e a padronização do tempo mudaram a percepção e organização do trabalho. A mecanização contribuiu para a substituição do trabalho artesanal por formas de produção em massa.

Consequências culturais e políticas: além das transformações econômicas e sociais, a Revolução Industrial teve impactos culturais e políticos significativos. Williams (1961), em "A Cultura e a Sociedade: 1780-1950", explora como a Revolução Industrial influenciou a literatura, a arte e o pensamento político da época, refletindo as tensões e desafios sociais gerados por essas rápidas transformações.

2.1.3 A era da informação

No século XX, a humanidade testemunhou o início da era da informação, um período marcado por avanços tecnológicos extraordinários. Essa era, caracterizada principalmente pelo desenvolvimento de computadores, pela *internet* e pelas tecnologias digitais, revolucionou a forma como interagimos com a informação.

Figura 2.3: Equipamentos digitais

Fonte: Gerado via DALL.E, 2024.

Desenvolvimento dos computadores e da *internet*: a invenção do *microchip* e o surgimento dos primeiros computadores pessoais, como descrito por Ceruzzi (2003) em "A History of Modern Computing", transformaram radicalmente o processamento de dados e a computação. A *internet*, emergindo como uma rede global de compartilhamento de informações, alterou a forma como nos comunicamos e acessamos informações, conforme analisado por Castells (2001) em "A Sociedade em Rede".

Impacto na comunicação e na mídia: a era da informação revolucionou esses campos. As tecnologias digitais permitiram uma comunicação instantânea e global, desafiando os modelos tradicionais de mídia, como observado por Shirky (2010) em "Cognitive Surplus: Creativity and Generosity in a Connected Age". As redes sociais digitais redefiniram as interações sociais, criando novas plataformas para a expressão pessoal e o engajamento público.

Transformação no ambiente de trabalho: a informatização do local de trabalho, como detalhado por Davenport (1993) em "Process Innovation: Reengineering Work Through Information Technology", remodelou as estruturas organizacionais e as práticas de trabalho. A capacidade de automatizar tarefas, gerenciar grandes volumes de dados e facilitar a comunicação global transformou muitos setores da economia.

Educação e acesso à informação: a era da informação também teve um impacto significativo na educação e no acesso à informação. Como Tapscott (1998) argumenta em "Growing Up Digital: The Rise of the Net Generation", o acesso à informação se tornou mais democrático e interativo, transformando a maneira como as pessoas aprendem e se educam.

Desafios e implicações sociais: com todas essas mudanças, surgiram desafios significativos, incluindo questões de privacidade, segurança cibernética e a disseminação de desinformação. Mayer-Schönberger (2009), em "Delete: the Virtue of Forgetting in the Digital Age", aborda as complexas questões de privacidade e o direito ao esquecimento na era digital. Além disso, a era digital exacerbou questões de divisão digital e desigualdade no acesso à tecnologia, como discutido por Norris (2001) em "Digital Divide: Civic Engagement, Information Poverty, and the Internet Worldwide".

2.2 Como a ciência e a tecnologia moldaram a sociedade em diferentes épocas

Ao longo da história, a ciência e a tecnologia têm sido catalisadoras de mudanças, moldando profundamente a sociedade em diferentes épocas. Essa influência não se limita a inovações tangíveis; ela permeia a estrutura social e os valores culturais, redefinindo a forma como as pessoas interagem, pensam e vivem.

2.2.1 Impacto social e cultural

As revoluções tecnológicas e científicas ao longo da história não se limitaram a trazer inovações; elas também causaram profundas reconfigurações na estrutura social e nos valores culturais. Um exemplo marcante é a Revolução Industrial, que, como vimos, transformou de maneira significativa a sociedade dos séculos XVIII e XIX.

Figura 2.4: O poder unificador da tecnologia

Fonte: Gerado via DALL.E, 2024.

Hobsbawm (1996), em "A Era das Revoluções: 1789-1848", descreve como a Revolução Industrial foi um período de transformações radicais, que deram origem à classe trabalhadora e alteraram as dinâmicas de poder entre as classes sociais. Essa mudança foi acompanhada pela urbanização acelerada, como Thompson (1963) analisa em "The Making of the English Working Class", mostrando como as relações de trabalho e as condições de vida foram drasticamente alteradas.

Além disso, a introdução de novas tecnologias transformou a relação das pessoas com o tempo e o espaço. Como Landes (1983) argumenta em "Revolução na Tecnologia do Tempo", a invenção do relógio mecânico foi fundamental para a padronização do tempo e a eficiência no trabalho, redefinindo a percepção temporal na vida cotidiana. Da mesma forma, a evolução dos meios de transporte, especialmente ferrovias, como discutido por Schivelbusch (1986) em "The Railway Journey: the Industrialization of Time and Space in the 19th Century", alterou a experiência do espaço e a mobilidade humana.

2.2.2 Desenvolvimento econômico e trabalho

As revoluções tecnológicas e científicas foram catalisadoras de mudanças significativas no desenvolvimento econômico e na natureza do trabalho. Essas mudanças não apenas criaram novos tipos de empregos, como também redefiniram a organização e a estrutura econômica das sociedades.

Figura 2.5: Ambiente de trabalho home office

Fonte: Gerado via DALL.E, 2024.

Impacto da Revolução Industrial: a Revolução Industrial, iniciada no século XVIII, é um exemplo primordial dessa transformação. Com a introdução da manufatura e da produção em massa, principalmente por meio do uso de máquinas a vapor e, posteriormente, de equipamentos movidos a eletricidade, novos tipos de empregos surgiram nas fábricas. Como discutido por Hobsbawm (1968) em "A Era do Capital: 1848-1875", essa mudança levou à urbanização acelerada e ao surgimento de uma classe trabalhadora urbana. A mecanização da produção não apenas aumentou a eficiência e a produção, mas também transformou as relações de trabalho e as dinâmicas econômicas.

Transição para a era da informação: avançando para o século XX, a era da informação trouxe uma nova revolução econômica. Conforme Castells (1996) explica em "The Rise of the Network Society", essa era caracteriza-se pela emergência de economias baseadas no conhecimento, em que o foco do trabalho se deslocou dos empregos manuais para aqueles que requerem habilidades digitais e cognitivas. O advento de computadores, da *internet* e de tecnologias digitais facilitou a criação de novos setores econômicos, como TI, *software* e serviços digitais.

Evolução contínua do trabalho: essas transformações continuam no século XXI, com a automação e a inteligência artificial remodelando ainda mais o mercado de trabalho. David Autor (2015), em "Why Are There Still So Many Jobs? The History and Future of Workplace Automation", discute como, apesar da automação, novas oportunidades de emprego continuam surgindo, muitas vezes exigindo habilidades mais avançadas e adaptadas às novas tecnologias.

2.2.3 Transformação da educação e do conhecimento

A evolução da ciência e da tecnologia teve um impacto profundo nos sistemas educacionais ao longo da história, desencadeando mudanças significativas na forma como o conhecimento é adquirido, compartilhado e aplicado.

Figura 2.6: Ambiente educacional com tecnologia de realidade aumentada

Fonte: Gerado via DALL.E, 2024.

Expansão da educação pública na Revolução Industrial: durante e após a Revolução Industrial, houve uma crescente necessidade de uma força de trabalho qualificada, capaz de operar máquinas complexas e contribuir para os processos produtivos em evolução. Isso levou à expansão da educação pública, como analisado por Green (1990) em "Education and State Formation: the Rise of Education Systems in England, France and the USA". A educação não apenas se tornou mais acessível, mas também começou a se focar em habilidades técnicas e científicas para atender às demandas da nova economia industrial.

Impacto da *internet* e tecnologias digitais: mais recentemente, a era da *internet* e das tecnologias digitais transformou radicalmente os métodos de ensino e aprendizado. Como Bates (2015) destaca em "Teaching in a Digital Age", a acessibilidade da informação por meio da *internet* e a utilização de recursos educacionais *online* tornaram o conhecimento mais acessível e democratizado. Essa transformação é evidenciada pela proliferação de cursos *on-*

line, plataformas de *e-learning* e recursos educacionais abertos, que têm permitido um acesso mais amplo ao conhecimento e oportunidades de aprendizado.

Desafios e oportunidades na educação contemporânea: a integração da tecnologia na educação também trouxe desafios. Como discutido por Selwyn (2014) em "Education and Technology: Key Issues and Debates", há preocupações sobre a equidade no acesso à tecnologia e a qualidade da educação *online*. No entanto, as inovações tecnológicas continuam a oferecer oportunidades para métodos de ensino mais interativos e personalizados, refletindo a evolução contínua da educação em resposta às mudanças tecnológicas.

2.2.4 Mudanças na saúde e na longevidade

Os avanços científicos e tecnológicos tiveram um impacto profundo e duradouro na medicina e na saúde pública, transformando tanto a prevenção quanto o tratamento de doenças e contribuindo significativamente para o aumento da expectativa de vida.

Figura 2.7: Tecnologia na saúde

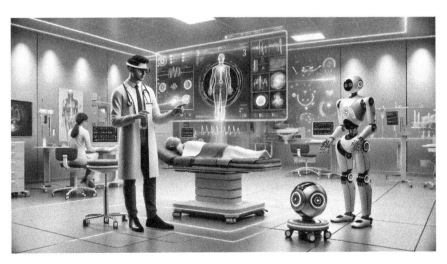

Fonte: Gerado via DALL.E, 2024.

Descobertas cruciais em medicina: um marco histórico na saúde foi a descoberta de vacinas e antibióticos. A introdução da vacinação, originada com Edward Jenner no final do século XVIII e mais tarde expandida com o desenvolvimento de vacinas para diversas doenças, revolucionou a saúde pública. Como detalhado por Bazin (2000) em "The Eradication of Smallpox: Edward Jenner and the First and Only Eradication of a Human Infectious Disease", a vacinação demonstrou ser uma ferramenta poderosa na prevenção de doenças infecciosas. Da mesma forma, a descoberta dos antibióticos – começando com a penicilina, por Alexander Fleming em 1928 – transformou o tratamento de infecções bacterianas, salvando inúmeras vidas.

Tecnologia médica moderna: a evolução da tecnologia médica moderna continua a transformar os cuidados de saúde. Desde o desenvolvimento de diagnósticos mais precisos, como a ressonância magnética e a tomografia computadorizada, até os tratamentos personalizados baseados na genética, a medicina moderna oferece opções de tratamento mais eficazes e personalizadas. Topol (2012), em "The Creative Destruction of Medicine: How the Digital Revolution Will Create Better Health Care", explora como as tecnologias digitais estão reformulando a medicina, tornando-a mais personalizada e centrada no paciente.

Impacto na longevidade: essas inovações tiveram um impacto direto na longevidade humana. Como debatido por Vaupel (2010) em "Biodemography of Human Ageing", o século XX viu um aumento dramático na expectativa de vida, graças aos avanços na medicina e na saúde pública. O melhor acesso aos cuidados de saúde, as melhorias na nutrição e a prevenção de doenças contribuíram para que mais pessoas tivessem vidas mais longas e saudáveis.

2.2.5 Questões ambientais e sustentabilidade

A história da ciência e da tecnologia não é marcada só por avanços e inovações, mas também por desafios ambientais significativos. O crescimento industrial e o uso intensivo de recursos naturais têm levado a problemas ambientais graves, como poluição e mudanças climáticas, que agora exigem uma resposta urgente e inovadora.

Impacto ambiental da industrialização: com o advento da Revolução Industrial, e a subsequente expansão da industrialização, o impacto ambiental das atividades humanas tornou-se cada vez mais evidente. As emissões de gases de efeito estufa, a poluição do ar e da água e a degradação dos ecossistemas são apenas alguns dos problemas que surgiram. Como Meadows, Randers e Meadows (2004) discutem em "Limits to Growth: The 30-Year Update", a continuidade dessas tendências sem controle poderia levar a consequências ambientais desastrosas.

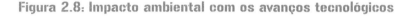
Figura 2.8: Impacto ambiental com os avanços tecnológicos

Fonte: Gerado via DALL.E, 2024.

Desenvolvimento de tecnologias sustentáveis: em resposta a esses desafios, houve um impulso significativo para o desenvolvimento de tecnologias sustentáveis. Isso inclui a inovação em energias renováveis, como solar e eólica, e em tecnologias de eficiência energética. Como Hawken, Lovins e Lovins (1999) argumentam em "Natural Capitalism: Creating the Next Industrial Revolution", adotar práticas e tecnologias mais sustentáveis é crucial para o futuro do planeta e da humanidade.

Figura 2.9: Diversas tecnologias sustentáveis

Fonte: Gerado via DALL.E, 2024.

Conscientização e ação ambiental: além do desenvolvimento tecnológico, houve um crescimento na conscientização sobre a necessidade de equilibrar o progresso tecnológico com a proteção ambiental. A ideia de desenvolvimento sustentável, popularizada pelo Relatório Brundtland de 1987, "Our Common Future", ressalta a importância de atender às necessidades do presente sem comprometer a capacidade das gerações futuras de atender às suas próprias necessidades (Comissão Mundial sobre Meio Ambiente e Desenvolvimento, 1987). Esse conceito tem influenciado políticas públicas, práticas corporativas e comportamentos individuais em todo o mundo.

Capítulo 3:

A era da informação e a sociedade digital

Este capítulo explora a emergência da era da informação, focando-se na evolução da internet e nos impactos abrangentes da digitalização em vários aspectos da vida humana, como comunicação, trabalho e lazer.

3.1 Emergência e evolução da *internet*

A *internet*, cujas raízes remontam a um projeto de pesquisa militar dos Estados Unidos conhecido como ARPANET durante a Guerra Fria, marcou o início de uma revolução tecnológica e social. Inicialmente desenvolvida para garantir a comunicação em cenários de conflitos nucleares, a *internet* rapidamente transcendia seu propósito militar, tornando-se uma plataforma civil para a troca de informações. Essa transição da ARPANET para uma rede global de informações é detalhadamente descrita por Abbate (1999), que enfatiza como a colaboração entre acadêmicos, engenheiros e funcionários do governo foi importante nesse processo.

Figura 3.1: Antiga ARPANET

Fonte: Gerado via DALL.E, 2024.

A figura acima representa a antiga ARPANET, capturando a atmosfera de um laboratório de computação dos anos 60 ou 70.

Manuel Castells (2001), em sua obra seminal "A Sociedade em Rede", argumenta que a emergência da *internet* não foi apenas uma evolução tecnológica, mas também um catalisador para a formação de uma nova estrutura social. Segundo ele, essa nova sociedade é caracterizada por redes de informação que são fluidas e dinâmicas, contrastando com as hierarquias rígidas das sociedades industriais anteriores. Castells realça a centralidade da tecnologia digital nessa nova sociedade, em que a capacidade de processar e transmitir informações digitais a velocidades elevadas redefine as relações econômicas, políticas e culturais.

Figura 3.2: Telefone antigo e um moderno *smartphone*

Fonte: Gerado via DALL.E, 2024.

A figura representa a evolução da comunicação humana e a ampliação das formas de comunicação, por meio do desenvolvimento dos modernos *smartphones*, que deixaram de ser apenas um telefone para ser um dispositivo que agrega muitas funcionalidades.

A expansão da *internet* no final do século XX e início do século XXI é marcada por um crescimento exponencial tanto em termos de infraestrutura tecnológica quanto de usuários. Segundo Norris (2001), essa expansão é acompanhada pela digitalização de inúmeros aspectos da vida cotidiana. A *internet* facilitou novas formas de comunicação, como o *e-mail* e as redes sociais, alterou práticas comerciais com o *e-commerce* e revolucionou o acesso à informação e ao entretenimento.

Castells (2001) também discute o conceito de "ciberespaço", que ele define como o ambiente virtual criado pela interconexão de redes de computadores pelo mundo. Esse ciberespaço é um local de interação social, econômica e política, em que a geografia física é menos relevante, e as fronteiras tradicionais são frequentemente desafiadas. A *internet*, portanto, não é apenas uma rede de computadores, mas um complexo sociotécnico que influencia profundamente a estrutura e a dinâmica das sociedades modernas.

3.2 Impactos da digitalização em comunicação, trabalho e lazer

Comunicação

A digitalização revolucionou a comunicação humana de maneiras antes inimagináveis. Pierre Lévy (1999), em sua análise do ciberespaço, sugere que a *internet* criou um "espaço de conhecimento" no qual as interações sociais são desvinculadas das restrições geográficas tradicionais. Esse espaço digital permite uma comunicação mais democrática e descentralizada, na qual as informações circulam livremente e as barreiras culturais e linguísticas são, até certo ponto, mitigadas. Lévy discute como essa nova forma de comunicação potencializa a colaboração e a criação coletiva, transformando indivíduos em agentes ativos no processo de produção e compartilhamento de conhecimento.

Trabalho

No âmbito profissional, a digitalização trouxe uma série de transformações. Zygmunt Bauman (2003), ao discutir a "Modernidade Líquida", ressalta como a flexibilidade e a mobilidade tornaram-se características definidoras do ambiente de trabalho contemporâneo. A capacidade de trabalhar remotamente, graças à tecnologia digital, oferece liberdade e flexibilidade, mas também traz desafios. Estes incluem questões de segurança de dados, dificuldades em separar a vida profissional da pessoal e a sensação de estar constantemente conectado ao trabalho. Bauman analisa como essas mudanças afetam a identidade profissional dos indivíduos e suas relações interpessoais.

Lazer

Quanto ao lazer, Henry Jenkins (2006), em "Convergence Culture", observa que a cultura participativa *online* redefiniu o consumo e a interação com o entretenimento. O advento das redes sociais, dos *blogs* e dos fóruns *online* possibilitou que os consumidores se tornassem produtores de conteúdo, envolvendo-se ativamente na criação e disseminação de novas formas de entretenimento. Jenkins discute como essa mudança desafia as práticas tradicionais da indústria do entretenimento e promove uma maior colaboração e interação entre os fãs.

Figura 3.3: Estúdio simples para produção de conteúdo digital

Fonte: Gerado via DALL.E, 2024.

Conclusão

Esses impactos da digitalização em comunicação, trabalho e lazer ilustram a profundidade e a complexidade das mudanças introduzidas pela *internet* e pelas tecnologias digitais. Estas redefinem não apenas as ações cotidianas, mas também as estruturas sociais e culturais mais amplas, evidenciando a natureza entrelaçada da tecnologia e da sociedade.

3.3 Considerações finais: a natureza dupla da *internet* e da digitalização oportunidades e benefícios

Este capítulo destacou a natureza dupla da *internet* e da digitalização, começando pelas oportunidades sem precedentes que essas inovações oferecem. A digitalização ampliou as fronteiras da comunicação, permitindo interações instantâneas e globais que eram inimagináveis em eras anteriores. No ambiente de trabalho, a tecnologia digital promoveu uma mobilidade e flexibilidade nunca antes vistas, permitindo novos modelos de negócios e modos de trabalho, como o teletrabalho e o trabalho *freelance*. No lazer, a digitalização enriqueceu as experiências culturais e de entretenimento, proporcionando acesso fácil e diversificado a uma vasta gama de conteúdos e plataformas interativas.

Desafios e reflexões críticas

No entanto, esses avanços não estão isentos de desafios significativos. A onipresença da *internet* e a constante conectividade podem levar a questões de segurança de dados, privacidade e um equilíbrio saudável entre vida pessoal e profissional. Além disso, a acessibilidade desigual à tecnologia digital (a chamada "divisão digital") levanta preocupações sobre a equidade e inclusão social. A digitalização também remodelou as dinâmicas de poder nas esferas econômica, política e cultural, desencadeando debates sobre a ética no uso da tecnologia, a regulamentação de conteúdo *online* e os direitos de propriedade intelectual.

O papel da sociedade na era digital

Portanto, é de extrema importância uma reflexão crítica sobre o uso e o impacto da tecnologia na sociedade. Essa reflexão deve incluir não apenas os benefícios, mas também as responsabilidades e os desafios éticos que acompanham a era digital. Como sugere Castells (2001), a sociedade deve participar ativamente na moldagem do desenvolvimento tecnológico, garantindo que as inovações sirvam aos interesses coletivos e promovam uma sociedade mais justa e inclusiva.

A era da informação e a sociedade digital apresentam um panorama complexo e multifacetado, em que as oportunidades e desafios coexistem. Este capítulo procurou explorar essas dimensões, proporcionando uma base para uma compreensão mais profunda dos impactos da digitalização em nosso mundo.

Capítulo 4:

Redes sociais, comunicação e fenômenos da era digital

À medida que examinamos o fenômeno do surgimento das redes sociais, evidencia-se a profunda transformação na maneira como as pessoas se conectam e se expressam. Essas plataformas, nascidas no início do século XXI, transcenderam sua função inicial de compartilhamento de informações pessoais para se estabelecerem como fundamentais na estrutura da comunicação e interação social contemporânea. A definição de Boyd e Ellison (2007) captura a essência dessa evolução, destacando a criação de perfis e a formação de redes de conexões que vão além das fronteiras físicas. Esse desenvolvimento nos leva a uma compreensão mais ampla dos impactos dessas redes na sociedade, abrindo caminho para uma análise detalhada dos efeitos dessas transformações nas relações interpessoais e na comunicação pública, que será explorada no segmento seguinte deste capítulo.

4.1 O surgimento das redes sociais

O advento das redes sociais no início do século XXI marca uma revolução na comunicação e na interação social. Inicialmente concebidas como plataformas para compartilhamento de experiências pessoais e fotografias, essas redes rapidamente evoluíram, transformando-se em ecossistemas complexos que influenciam todos os aspectos da interação humana. Boyd e Ellison (2007), em um dos primeiros estudos acadêmicos sobre o tema, definem as redes sociais como serviços baseados na *web* que permitem aos indivíduos criar um perfil público ou semipúblico dentro de um sistema delimitado. Esses perfis facilitam a articulação de uma lista de conexões – outros usuários com os quais uma pessoa compartilha uma relação – e permitem que os usuários visualizem e percorram suas próprias conexões e as de outros dentro do sistema.

Figura 4.1: *Símbolos de redes sociais*

Fonte: Gerado via DALL.E, 2024.

Essa definição sublinha a natureza multifacetada das redes sociais como espaços para autoexpressão, construção de comunidade e partilha de informações. Desde seus primórdios – com sites como Friendster e MySpace, passando pelo fenômeno do Facebook e chegando às plataformas contemporâneas, como Instagram, Snapchat e TikTok –, as redes sociais têm remodelado a forma como as pessoas se conectam umas com as outras e como se engajam com o mundo ao seu redor.

O impacto das redes sociais vai além do pessoal e adentra o espaço público e político. Essas plataformas se tornaram ferramentas essenciais para campanhas de *marketing*, mobilização política e advocacia social. Elas também proporcionam um meio para que vozes marginalizadas sejam ouvidas e para que comunidades sub-representadas se formem e cresçam.

No entanto, a ascensão das redes sociais não está isenta de desafios. Questões relacionadas à privacidade dos dados, à autenticidade da informação e ao impacto na saúde mental dos usuários têm sido pontos de intensa discussão. O equilíbrio entre os benefícios de uma conectividade sem precedentes e os riscos associados à exposição e à manipulação *online* tornou-se um tópico central no debate sobre o papel e a influência das redes sociais na sociedade contemporânea.

4.2 Efeitos nas relações interpessoais e na comunicação pública

As redes sociais redefiniram as relações interpessoais no século XXI, trazendo mudanças significativas na forma como as pessoas se comunicam, estabelecem laços sociais e gerenciam suas identidades. Conforme analisado por Zhao *et al.* (2008), os usuários dessas plataformas engajam-se em um processo de autoapresentação complexo, moldando perfis que não apenas refletem suas identidades reais, mas também projetam versões idealizadas de si mesmos. Essa construção de identidade *online* tem implicações profundas, influenciando a percepção de si mesmo e dos outros, e reconfigurando a noção de autenticidade e apresentação no espaço virtual.

Essa transformação vai além do individual e atinge o domínio público. As redes sociais emergiram como plataformas poderosas para o engajamento e mobilização em questões sociais e políticas. Castells (2012) destaca esse aspecto ao examinar como essas ferramentas digitais possibilitam novas formas de participação cívica. Elas permitem que indivíduos e grupos, que de outra forma seriam marginalizados ou ignorados pelos meios de comunicação tradicionais, tenham voz e influenciem a pauta pública. As redes sociais facilitam a organização de movimentos sociais, a disseminação de informações e a formação de comunidades de interesse, desafiando as estruturas de poder tradicionais e democratizando o acesso à esfera pública.

Além disso, a comunicação pública por meio das redes sociais introduziu novas dinâmicas na disseminação de informações. A rapidez com que as informações são compartilhadas e a abrangência do público alcançado transformaram a maneira como notícias e ideias são difundidas. Isso tem implicações tanto positivas quanto negativas, incluindo a rápida mobilização em torno de causas justas, mas também a disseminação de desinformação e discursos de ódio.

4.3 Discussão sobre bolhas nas redes sociais, *deep fake* e voz artificial

À medida que adentramos o Capítulo 4, nos preparamos para navegar pelas complexas e multifacetadas dimensões das redes sociais, comunicação e fenômenos da era digital. Este capítulo promete uma jornada exploratória, começando pelo surgimento e evolução das redes sociais, um fenômeno que redefiniu radicalmente a maneira como interagimos uns com os outros e com o mundo. Ao desdobrar este tópico, examinaremos como essas plataformas digitais remodelaram as relações interpessoais e a comunicação pública, revelando tanto oportunidades inovadoras quanto desafios significativos. Conforme avançamos, iremos nos debruçar sobre questões mais profundas e tecnicamente complexas, como as bolhas de filtro, *deep fakes* e a voz artificial, que estão moldando a realidade da informação e comunicação na era digital. Este capítulo é um convite para entender e refletir criticamente sobre o impacto e as consequências desses avanços tecnológicos na sociedade contemporânea.

4.3.1 Bolhas de filtro nas redes sociais

O fenômeno das "bolhas de filtro" nas redes sociais, um termo cunhado por Eli Pariser em 2011, representa um dos aspectos mais críticos e problemáticos da era digital. Pariser alerta para o modo como os algoritmos das redes sociais, ao personalizarem os *feeds* de notícias dos usuários, tendem a criar um espaço de eco que reforça as opiniões e crenças existentes. Esse processo é alimentado pelo rastreamento do histórico de navegação e interações *online* dos usuários, resultando na exibição preferencial de conteúdos alinhados às suas preferências preexistentes.

Figura 4.2: Representação das bolhas de filtros

Fonte: Gerado via DALL.E, 2024.

Esses algoritmos, ao filtrarem e personalizarem o conteúdo, inadvertidamente limitam a exposição dos usuários a uma diversidade de pontos de vista. Isso cria um ambiente no qual as pessoas se encontram predominantemente cercadas por opiniões que reforçam suas visões de mundo, isolando-as em bolhas informativas. Esse isolamento pode levar à polarização ideológica, pois as pessoas têm menos oportunidades de se depararem com informações ou perspectivas desafiadoras que possam alterar ou moderar suas visões.

A consequência desse fenômeno é multifacetada. Em uma escala individual, isso pode restringir o desenvolvimento de um pensamento crítico, pois os usuários se acostumam a receber informações que confirmam suas crenças. Em uma escala mais ampla, a formação de bolhas de filtro pode ter impactos significativos na saúde da democracia. A polarização que elas promovem pode enfraquecer o debate público, dificultar o consenso e fomentar divisões sociais. Essa realidade virtual segmentada ameaça a diversidade de opiniões, um pilar essencial para o funcionamento saudável de sociedades democráticas.

O entendimento desse mecanismo é essencial para a reflexão sobre como as redes sociais moldam a percepção pública e a discussão política na era moderna. A conscientização sobre as bolhas de filtro é um passo crucial para buscar uma maior diversidade de fontes de informação e promover um diálogo mais aberto e inclusivo nas plataformas digitais.

4.3.2 Desafios de autenticidade: *deep fake* e voz artificial

Deep fake: redefinindo a realidade

O avanço da tecnologia *deep fake* representa um dos maiores desafios de autenticidade na era digital. Utilizando técnicas avançadas de inteligência artificial e aprendizado de máquina, os *deep fakes* permitem a criação de vídeos e áudios extremamente realistas que podem ser quase indistinguíveis do real. Esses vídeos e áudios são gerados por algoritmos que analisam e replicam padrões de fala, movimentos faciais e gestos, criando representações falsas de pessoas dizendo ou fazendo coisas que nunca ocorreram na realidade.

Figura 4.3: Imagem representando *deep fake*

Fonte: Gerado via DALL.E, 2024.

O impacto potencial dos *deep fakes* é vasto e preocupante. No contexto político, podem ser utilizados para fabricar discursos ou ações de figuras públicas, influenciando a opinião pública e desestabilizando processos democráticos. Na esfera pessoal, podem ser usados para difamação ou chantagem. Essa tecnologia coloca em xeque a confiabilidade da mídia visual e áudio, exigindo que os consumidores de informação sejam cada vez mais críticos e questionadores sobre a autenticidade do conteúdo que encontram *online*.

Voz artificial: questões de identidade e consentimento

Paralelamente, a tecnologia de voz artificial também apresenta desafios significativos. Embora tenha aplicações benéficas, como na assistência a pessoas com deficiências de fala ou na criação de interfaces de usuário mais naturais, o uso indevido dessa tecnologia levanta questões éticas sérias. A capacidade de replicar vozes de forma convincente pode ser usada para fins enganosos, como a simulação de consentimento ou a criação de falsas narrativas.

Figura 4.4: Imagem representando a voz artificial

Fonte: Gerado via DALL.E, 2024.

A voz artificial coloca em risco a noção de identidade e autenticidade, desafiando a forma como percebemos e confiamos na comunicação verbal. Além disso, levanta questões legais e éticas relacionadas ao consentimento. Sem regulamentações claras, o uso de vozes replicadas, especialmente de pessoas sem o seu consentimento expresso, pode resultar em violações de privacidade e direitos autorais.

Conclusão

A combinação de *deep fakes* e voz artificial na era digital cria um cenário onde a distinção entre verdadeiro e falso torna-se cada vez mais turva. Esse panorama exige uma resposta multifacetada, envolvendo não apenas avanços tecnológicos em detecção de falsificações, mas também uma conscientização pública maior, educação em literacia digital e quadros legais robustos para proteger a integridade e autenticidade da comunicação e da informação.

A discussão sobre *deep fakes* e voz artificial no contexto das redes sociais é fundamental para entendermos os desafios contemporâneos de autenticidade e as implicações éticas que emergem no cruzamento entre tecnologia e sociedade.

Considerações finais

Este capítulo discutiu como as redes sociais e os fenômenos digitais associados têm impactado profundamente a forma como nos comunicamos e interagimos. Embora ofereçam oportunidades inovadoras para a construção de comunidades e a disseminação de informações, também apresentam desafios significativos que requerem uma abordagem crítica e consciente.

Capítulo 5:

Tecnologia e mudança cultural

À medida que adentramos o Capítulo 5, "Tecnologia e mudança cultural", nos deparamos com a intrigante relação entre os avanços tecnológicos e a evolução dos valores e normas culturais. Nesta jornada, exploraremos como as inovações tecnológicas não são meras ferramentas de progresso, mas atuam como catalisadores de mudanças profundas no tecido social e cultural. Desde a invenção da prensa até as mais recentes redes sociais, cada salto tecnológico trouxe consigo uma onda de transformações nos modos de pensar, interagir e se expressar.

Figura 5.1: Crianças representando mudanças culturais

Fonte: Gerado via DALL.E, 2024.

O surgimento de novas plataformas de comunicação e a crescente digitalização das interações cotidianas não só remodelaram as práticas culturais, como também redefiniram os valores e as normas que regem a sociedade. Este segmento do capítulo nos convida a refletir sobre o impacto pervasivo da tecnologia em nossas vidas, desvendando como ela molda e é moldada pelos contextos culturais em que está inserida.

5.1 Tecnologia como influenciadora de valores e normas culturais

A interação entre tecnologia e cultura tem sido um campo fértil de estudo, destacando como as inovações tecnológicas influenciam e são influenciadas por valores e normas culturais. McLuhan (1964), em "Understanding Media: the Extensions of Man", argumenta que cada meio de comunicação, desde a imprensa até a televisão, molda a percepção humana e modifica as estruturas sociais. Essa visão é reiterada por Postman (1985), que, em "Amusing Ourselves to Death", discute como a televisão transformou o discurso público e as interações sociais, levando a uma cultura dominada pelo entretenimento.

No contexto contemporâneo, as redes sociais têm um papel significativo na redefinição de interações e comportamentos. Castells (2007), em "Communication Power", explora a ideia de que as redes digitais são fundamentais na formação da sociedade contemporânea, influenciando desde movimentos políticos até identidades individuais. Esse pensamento é corroborado por Jenkins (2006), que, em "Convergence Culture: Where Old and New Media Collide", argumenta que a cultura de convergência, alimentada pela tecnologia, cria novas formas de colaboração e participação.

A tecnologia também desempenha uma função central na globalização, com impactos significativos na homogeneização cultural. Friedman (2005), em "The World is Flat", discute como a globalização nivelou o campo de jogo econômico e cultural, possibilitando uma maior interconexão entre diferentes culturas. Contudo, Appadurai (1996), em "Modernity at Large: Cultural Dimensions of Globalization", apresenta uma visão mais matizada, argumentando que, embora a globalização mediada pela tecnologia promova certa homogeneização, ela também oferece oportunidades para a preservação e revitalização de culturas locais por meio de plataformas digitais.

Essas perspectivas destacam o papel dinâmico da tecnologia na remodelação contínua dos valores e normas culturais, atuando tanto como um agente de mudança quanto como um meio de preservação cultural.

5.2 O papel da tecnologia na arte e na expressão criativa

A interseção entre tecnologia e arte é um campo vasto e em constante evolução, refletindo como as inovações tecnológicas têm expandido e redefinido os horizontes da expressão artística. Este tópico aborda essa relação simbiótica, explorando desde as implicações históricas da fotografia e do cinema até as fronteiras contemporâneas das artes digitais e da realidade virtual.

A invenção da fotografia no século XIX, por exemplo, não apenas introduziu um novo meio artístico, como também transformou a percepção visual e a representação da realidade. Segundo Sontag (1977), em "On Photography", a fotografia alterou as convenções de beleza e realismo na arte, influenciando não só a estética, mas também a forma como a sociedade interpreta imagens. Similarmente, a ascensão do cinema, como discutido por Bazin (1967) em "What is Cinema?", não só ofereceu um novo meio para a narrativa visual, como também estabeleceu novos paradigmas para a linguagem visual e a percepção temporal.

No contexto contemporâneo, a arte digital e a realidade virtual representam a fronteira mais recente da expressão criativa. Manovich (2001), em "The Language of New Media", descreve como as tecnologias digitais proporcionam ferramentas inovadoras para a criação artística, permitindo uma combinação sem precedentes de mídias e técnicas. A realidade virtual, por sua vez, oferece uma imersão total e interativa, desafiando as noções convencionais de espaço e experiência artística, como observado por Grau (2003) em "Virtual Art: From Illusion to Immersion".

A tecnologia também desempenhou um papel crucial na democratização do acesso à criação artística. Jenkins (2006), em "Convergence Culture", discute como a cultura de convergência facilitou o surgimento de uma participação mais ativa e diversificada na produção de conteúdo. Isso resultou em uma explosão de criatividade e diversidade, permitindo que vozes marginalizadas e estilos não convencionais ganhassem visibilidade.

Além disso, a emergência da inteligência artificial na arte levanta questões sobre os limites entre a criatividade humana e artificial. McCormack e d'Inverno (2019), em "AI and Art: Artificial Creativity and Authorship", exploram essa temática, questionando até que ponto a IA pode ser considerada criativa e como isso redefine o papel do artista.

Figura 5.2: Arte criada por IA

Fonte: Gerado via DALL.E, 2024.

Ao explorar essas áreas, este tópico não só destaca o impacto da tecnologia na expansão da expressão artística, mas também reflete sobre como ela reconfigura nossa compreensão da arte e da criatividade.

5.3 Impacto da pós-verdade e das crenças na era digital

O conceito de pós-verdade, particularmente relevante na era digital, caracteriza-se pela prevalência de emoções e crenças pessoais sobre fatos objetivos na formação da opinião pública. Esse fenômeno é amplificado pela tecnologia, especialmente por meio das mídias sociais e algoritmos de personalização, que criam bolhas de filtro e facilitam a disseminação de desinformação.

As mídias sociais, como apontado por Sunstein (2017) em "#Republic: Divided Democracy in the Age of Social Media", têm um papel significativo na formação dessas bolhas. Elas permitem que indivíduos e grupos se isolem em câmaras de eco, onde são expostos principalmente a informações e opiniões que reforçam suas crenças preexistentes. Isso é agravado pelos algoritmos de personalização que visam aumentar o engajamento do usuário, mas inadvertidamente promovem a polarização e a fragmentação do discurso público.

Além disso, a era digital facilitou a propagação de teorias da conspiração e notícias falsas, como discutido por Lewandowsky *et al.* (2017) em "Beyond Misinformation: Understanding and Coping with the Post-Truth Era". Esses autores exploram como a desinformação pode se espalhar rapidamente *online*, muitas vezes com implicações sérias para a política e a sociedade. Casos notáveis incluem a disseminação de teorias conspiratórias sobre mudanças climáticas e vacinas, que têm impactos diretos na saúde pública e na política ambiental.

O impacto desses fenômenos nas crenças e percepções do público é profundo. Wardle e Derakhshan (2017), em "Information Disorder: Toward an Interdisciplinary Framework for Research and Policy Making", destacam como a desinformação afeta não apenas a esfera política, como também o tecido social, erodindo a confiança nas instituições e na mídia.

Para enfrentar esses desafios, diferentes sociedades e plataformas digitais têm adotado várias estratégias. Tais medidas incluem a verificação de fatos por organizações independentes, como discutido por Tandoc *et al.* (2018) em "Defining Fake News", e a implementação de algoritmos mais responsáveis, visando uma maior transparência e diversidade de conteúdo. Essas iniciativas são essenciais para mitigar os efeitos da pós-verdade e restaurar a integridade do discurso público na era digital.

Reflexão e perspectivas

Ao final do capítulo, propõe-se uma reflexão crítica sobre a interação entre tecnologia e mudança cultural. Apresenta-se a importância de uma abordagem consciente e ética no desenvolvimento tecnológico, visando um equilíbrio entre inovação e a preservação de valores culturais essenciais. O capítulo conclui ressaltando a responsabilidade coletiva na moldagem de um futuro tecnológico que respeite e celebre a diversidade cultural e promova uma sociedade mais inclusiva e informada.

Capítulo 6:

Inteligência artificial e sociedade

Ao mergulharmos na história e nos fundamentos da inteligência artificial no início do Capítulo 6, estabelecemos uma base sólida para compreender não apenas como a IA evoluiu, mas também como ela se entrelaça intrinsecamente com diversos aspectos da sociedade contemporânea. A jornada desde as ideias visionárias de Alan Turing até os avanços modernos em aprendizado de máquina e redes neurais, detalhada por Russell e Norvig, leva-nos a um ponto crítico de reflexão. Aqui, transicionamos para explorar as ramificações éticas, econômicas e sociais dessa tecnologia disruptiva. Essa transição do desenvolvimento técnico da IA para suas implicações mais amplas na sociedade nos permite entender não apenas o "como" da IA, mas também o "porquê" de sua crescente relevância em nosso mundo – um mundo onde a tecnologia inteligente não é apenas uma ferramenta, mas um ator influente no cenário social, econômico e ético global.

6.1 Fundamentos e desenvolvimento da inteligência artificial

O desenvolvimento da inteligência artificial (IA) representa um dos avanços mais significativos na história da tecnologia, marcando uma mudança fundamental na relação entre humanos e máquinas. Este segmento do capítulo visa desvendar os fundamentos e a evolução histórica da IA, começando com as ideias pioneiras de Alan Turing, que estabeleceram as bases teóricas para o campo.

Turing, em seu trabalho seminal "Computing Machinery and Intelligence" (1950), introduziu o conceito de máquinas capazes de simular o pensamento humano, propondo o que é agora conhecido como o "teste de Turing" para avaliar a inteligência de uma máquina. Sua visão profética estabeleceu o palco para décadas de pesquisa e desenvolvimento. Seguindo a linha do tempo histórica, chegamos aos avanços das décadas de 1980 e 1990, marcadas pela emergência de algoritmos de aprendizado de máquina e redes neurais. Esses desenvolvimentos, conforme destacado por Hodges (1992) em "Alan Turing: the Enigma", não apenas concretizaram as teorias de Turing, como também abriram novas fronteiras para aplicações práticas da IA.

Russell e Norvig (2016), em "Artificial Intelligence: a Modern Approach", apresentam uma visão detalhada das técnicas e teorias fundamentais que compõem a IA contemporânea. Eles exploram a transição da IA clássica, focada em regras e lógica, para os sistemas modernos baseados em aprendizado de dados e adaptação. Essa mudança paradigmática é evidenciada pelo surgimento de sistemas de IA capazes de aprender, adaptar-se e tomar decisões complexas, uma transformação que foi alimentada pelo aumento exponencial da capacidade de processamento e armazenamento de dados.

Além disso, os autores examinam as contribuições de pesquisadores como Geoffrey Hinton, cujo trabalho em redes neurais profundas, conforme discutido por LeCun, Bengio, e Hinton (2015) em "Deep Learning", revolucionou a forma como as máquinas aprendem e processam informações complexas. Esses avanços permitiram o desenvolvimento de aplicações de IA em uma variedade de campos, desde diagnósticos médicos até sistemas de recomendação em plataformas de *streaming*.

Figura 6.1: Imagem representando uma nova forma de conectividade homem-máquina com a inteligência artificial

Fonte: Gerado via DALL.E, 2024.

Na parte final, os autores refletem sobre as tendências atuais e futuras na IA, indicando como a evolução contínua da tecnologia está abrindo novos horizontes e desafios, desde questões éticas até impactos sociais e econômicos. Esse panorama histórico e técnico fornece um pano de fundo crucial para entender a interação multifacetada entre IA e sociedade, estabelecendo o contexto para as discussões subsequentes sobre as implicações dessa tecnologia disruptiva.

6.2 Implicações éticas, econômicas e sociais da IA

A segunda parte do capítulo se aprofunda nas implicações éticas, econômicas e sociais da IA. Bostrom (2014), em "Superintelligence: Paths, Dangers, Strategies", aborda os desafios éticos emergentes, incluindo preocupações sobre autonomia, privacidade e o potencial de desenvolvimento de superinteligências que ultrapassam o controle humano. Já o impacto econômico da IA é analisado por Brynjolfsson e McAfee (2014) em "The Second Machine Age: Work, Progress, and Prosperity in a Time of Brilliant Technologies", em que discutem como a IA está remodelando o mercado de trabalho, automatizando tarefas tradicionalmente humanas e criando novas categorias de emprego.

A influência social da IA é outro ponto essencial. Zuboff (2019), em "The Age of Surveillance Capitalism", explora como as empresas de tecnologia usam a IA para monitorar, analisar e influenciar o comportamento humano em uma escala sem precedentes, levantando questões sobre privacidade e poder corporativo. Por outro lado, O'Neil (2016), em "Weapons of Math Destruction", argumenta que os algoritmos de IA podem perpetuar e amplificar preconceitos sociais, destacando a necessidade de maior transparência e responsabilidade no design de sistemas de IA.

Este capítulo finaliza refletindo sobre o futuro da relação entre IA e sociedade. Harari (2016), em "Homo Deus: a Brief History of Tomorrow", especula sobre um futuro em que a IA pode transformar fundamentalmente a natureza humana e a estrutura social. Essa discussão destaca a importância de um desenvolvimento responsável e ético da IA, garantindo que seus benefícios sejam distribuídos de maneira justa e que seus riscos sejam gerenciados adequadamente.

Capítulo 7:

Tecnologia, privacidade e vigilância

À medida que adentramos o Capítulo 7, "Tecnologia, privacidade e vigilância", somos confrontados com as complexas interações entre o avanço tecnológico e a privacidade individual na era digital. Este capítulo inicia-se com uma profunda investigação dos "Problemas de privacidade na era digital", uma questão que se tornou cada vez mais crítica com a crescente digitalização de nossas vidas. Exploramos como a proliferação de dispositivos conectados, redes sociais e vastas bases de dados transformou fundamentalmente o conceito de privacidade. Esse cenário é marcado por uma tensão constante entre os benefícios da tecnologia e os riscos associados à exposição e manipulação de informações pessoais. Neste contexto, discutiremos como a coleta, uso e segurança dos dados pessoais tornaram-se preocupações centrais para indivíduos, empresas e governos, estabelecendo o palco para uma análise mais detalhada das dinâmicas de vigilância e as implicações éticas que emergem nesta nova era.

7.1 Problemas de privacidade na era digital

A transição para a era digital trouxe uma redefinição profunda do conceito de privacidade. A prevalência da *internet* e a integração de dispositivos conectados em nosso cotidiano criaram um terreno fértil para o surgimento de novas questões sobre a gestão de informações pessoais. A linha que separa o público do privado tornou-se cada vez mais difusa, um fenômeno intensificado pela facilidade com que dados podem ser coletados, processados e compartilhados em grande escala. Solove, em "Understanding Privacy" (2020), examina esse cenário, destacando como as informações pessoais se transformaram em *commodities* valiosas, cobiçadas por empresas e governos. Esse autor salienta os riscos associados a essa nova realidade, em que dados pessoais podem ser usados para diversas finalidades, desde *marketing* direcionado até vigilância estatal.

Figura 7.1: A privacidade na era digital

Fonte: Gerado via DALL.E, 2024.

Na imagem acima, a capa de código binário que envolve a figura central representa as tentativas de proteger a privacidade e os dados pessoais em um mundo dominado por informações digitais. Os cadeados simbolizam a segurança e as medidas de proteção de dados, enquanto as telas e documentos podem representar a vasta quantidade de informações pessoais que circulam na *internet*. A presença das silhuetas humanas indica a vigilância constante, a gestão de dados e a interação dos indivíduos com seus próprios dados.

A iluminação vinda do alto focando a figura central, juntamente com a escuridão que circunda o ambiente, cria uma atmosfera de isolamento e destaque, sugerindo que, embora haja esforços para manter a privacidade, os dados pessoais estão expostos e potencialmente acessíveis a muitos. Isso reflete a complexidade e a constante tensão entre manter a privacidade individual e navegar em um mundo cada vez mais conectado e monitorado.

A ampliação desse cenário se dá pelo uso das redes sociais, conforme analisado por Fuchs em "Social Media: a Critical Introduction" (2017). As plataformas de mídia social revolucionaram não só a forma como interagimos, mas também como nossas informações são expostas e comercializadas. Fuchs discute como a lógica do capitalismo de vigilância se infiltra nessas plataformas, transformando cada clique, curtida e compartilhamento em dados valiosos para anúncios e perfis de consumo.

Além disso, Mayer-Schönberger e Cukier, em "Big Data: a Revolution that Will Transform How We Live, Work, and Think" (2013), enfocam a emergência do *big data* como um catalisador para essas mudanças. Eles argumentam que a capacidade de processar grandes volumes de dados transformou radicalmente o potencial de vigilância e análise, levantando novas questões sobre consentimento e controle de informações pessoais.

Essas transformações digitais, portanto, desafiam as noções tradicionais de privacidade. Clarke, em "Information Technology and Dataveillance" (1988), já alertava para os riscos da *dataveil-*

lance – o uso de dados para monitoramento e vigilância. A expansão das tecnologias digitais ampliou significativamente o escopo e a eficácia dessas práticas.

7.2 Vigilância governamental e corporativa

No contexto atual, a vigilância exercida tanto por entidades estatais quanto por corporações privadas constitui uma das questões mais críticas na intersecção entre tecnologia e privacidade. A relevância desse tema é amplamente demonstrada por Greenwald em "No Place to Hide" (2014), em que ele expõe a vasta rede de vigilância governamental, trazida à luz por Edward Snowden. Esse caso revelou não apenas a capacidade técnica dos governos de monitorar comunicações globais, mas também suscitou importantes debates sobre o equilíbrio entre segurança nacional e direitos individuais à privacidade. Greenwald argumenta que tais práticas de vigilância, muitas vezes escudadas pela justificativa de proteção nacional, colocam em xeque direitos civis fundamentais, levantando questionamentos sobre a legitimidade e a ética de tais ações.

Paralelamente, a análise de Zuboff em "The Age of Surveillance Capitalism" (2019) lança luz sobre a ascensão de um novo paradigma econômico, em que grandes corporações, especialmente as ligadas à tecnologia, utilizam dados pessoais como a principal moeda. Zuboff descreve como essa prática transformou a natureza do capitalismo, moldando um sistema no qual a vigilância e a coleta de dados tornam-se centrais. Nesse modelo, informações pessoais são extraídas, analisadas e vendidas, muitas vezes sem o conhecimento ou consentimento explícito dos indivíduos. O impacto dessa tendência é profundo, alterando não apenas a forma como as empresas operam, mas também a maneira como os indivíduos percebem e valorizam sua própria privacidade.

A questão da vigilância corporativa é ainda mais complicada pela natureza muitas vezes opaca e incompreendida das tecnologias envolvidas. Como Pasquale explica em "The Black Box Society" (2015), a falta de transparência em algoritmos e sistemas de processamento de dados cria um cenário no qual consumidores e cidadãos têm pouco conhecimento ou controle sobre como suas informações são usadas. Esse cenário obscurece a relação entre indivíduos e corporações, muitas vezes levando a uma assimetria de poder e informação.

O conjunto dessas análises revela um cenário no qual a vigilância, seja estatal ou corporativa, torna-se um tema central nas discussões sobre tecnologia e privacidade. A emergência de tais práticas desafia os marcos legais e éticos existentes, forçando a sociedade a reavaliar e, possivelmente, reinventar a maneira como compreende e protege a privacidade individual na era digital.

7.3 Debates sobre segurança *versus* privacidade

Introdução

Na era digital, a balança entre segurança e privacidade tem sido um tema de debate intenso. Com o avanço das tecnologias de vigilância e coleta de dados, governos e corporações têm capacidades sem precedentes para monitorar indivíduos. Este tópico explora as complexidades e os dilemas morais envolvidos nessa questão.

A evolução da vigilância digital

Contexto histórico: a vigilância, como prática, é tão antiga quanto as sociedades humanas, evoluindo continuamente com o avanço tecnológico. Inicialmente, a vigilância era exercida diretamente por meio de observação pessoal e métodos rudimentares. Entretanto, com o advento da tecnologia, as práticas de vigilância passaram por transformações significativas.

Nos primórdios, a vigilância era limitada pela capacidade humana de observação e anotação. Foucault (1975), em sua obra "Vigiar e Punir", discute como a vigilância era uma ferramenta essencial para o controle social nas sociedades pré-modernas. Ele destaca a transição do castigo corporal para a vigilância como forma de disciplina, uma mudança paradigmática na gestão do poder e controle social.

Com a Revolução Industrial, surgiram novas tecnologias que permitiram formas mais sofisticadas de vigilância. Em meados do século XX, o desenvolvimento de câmeras fotográficas e, posteriormente, de vídeo revolucionou as práticas de vigilância. Lyon (2001), em "Surveillance Society: Monitoring Everyday Life", explora esse desenvolvimento, argumentando que a invenção da câmera fotográfica representou um marco na história da vigilância, permitindo uma observação mais distante e permanente.

A era digital trouxe consigo um salto exponencial nas capacidades de vigilância. Com a *internet* e o avanço da computação, a coleta e análise de dados em larga escala tornaram-se possíveis. Zuboff (2019), em "The Age of Surveillance Capitalism", aborda como as corporações exploram os dados pessoais para criar novos modelos de negócios, um fenômeno que ela descreve como "capitalismo de vigilância".

Hoje, vivemos em uma era na qual a vigilância digital é onipresente. O uso de tecnologias como reconhecimento facial, rastreamento por GPS e coleta massiva de dados *online* representa uma nova fronteira na história da vigilância. Koskela (2004), em "Webcams, TV Shows and Mobile Phones: Empowering Exhibitionism", argumenta que a vigilância digital transcendeu o controle social, influenciando até mesmo a forma como as pessoas se apresentam e interagem socialmente.

7.3.1 Tecnologias de vigilância

Reconhecimento facial

O reconhecimento facial, uma das tecnologias de vigilância mais debatidas, utiliza algoritmos avançados para identificar indivíduos a partir de imagens ou vídeos. Essa tecnologia tem sido amplamente adotada para fins de segurança, identificação e até mesmo *marketing*. Gates (2011), em seu estudo "Our Biometric Future: Facial Recognition Technology and the Culture of Surveillance", analisa a ascensão dessa tecnologia, destacando tanto suas aplicações práticas quanto as preocupações éticas e de privacidade. Gates alerta para o potencial de abuso dessa tecnologia, especialmente quando utilizada sem o consentimento dos indivíduos.

Figura 7.2: Interface com modelo de reconhecimento facial

Fonte: Gerado via DALL.E, 2024.

Monitoramento de comunicações digitais

O monitoramento de comunicações digitais abrange a vigilância de *e-mails*, mensagens instantâneas, redes sociais e outras formas de comunicação *online*. Esse tipo de vigilância permite às autoridades e às corporações acompanhar conversas e trocas de informações em tempo real. Lyon (2007), em "Surveillance Studies:

an Overview", aborda a extensão e as implicações do monitoramento digital, argumentando que a vigilância das comunicações digitais transformou a forma como a privacidade é percebida e protegida na era digital.

Coleta de metadados

A coleta de metadados envolve o rastreamento e a análise de dados que descrevem outras formas de dados, como a hora e localização de uma chamada telefônica ou os endereços de IP envolvidos em comunicações pela *internet*. Esse tipo de vigilância tem sido uma ferramenta vital para agências de inteligência e segurança. Mayer-Schönberger e Cukier (2013), em *"Big Data*: a Revolution that Will Transform How We Live, Work, and Think", examinam o impacto da coleta de metadados no contexto mais amplo do *big data*. Os autores argumentam que, embora os metadados possam parecer menos intrusivos do que o conteúdo direto das comunicações, eles podem revelar informações profundamente pessoais quando coletados e analisados em larga escala.

7.3.2 Argumentos a favor da segurança

Prevenção de crimes

A vigilância digital contribui significativamente na prevenção de crimes, oferecendo às autoridades a capacidade de monitorar atividades suspeitas e intervir antes que os crimes ocorram. Clarke e Newman (2006) exploram essa função em "Outsmarting the Terrorists", em que argumentam que a vigilância é uma ferramenta essencial para deter crimes antes que eles aconteçam.

Figura 7.3: Modelo avançado de monitoramento e comunicação

Fonte: Gerado via DALL.E, 2024.

Oa autores destacam como o monitoramento de locais públicos e comunicações digitais pode dissuadir potenciais criminosos e ajudar na rápida resposta a incidentes criminosos.

Combate ao terrorismo

No contexto do terrorismo, a vigilância digital é fundamental para identificar e neutralizar ameaças antes que se materializem. Em "The New Age of Surveillance", Ball e Webster (2003) discutem como as tecnologias de vigilância, especialmente a interceptação de comunicações e a coleta de metadados, são utilizadas pelas agências de segurança para monitorar suspeitos de terrorismo.

Figura 7.4: Representação da integração de modernos sistemas e equipamentos no combate ao terrorismo

Fonte: Gerado via DALL.E, 2024.

Eles argumentam que, embora a vigilância possa ser vista como invasiva, ela é indispensável na luta contra o terrorismo, permitindo às autoridades rastrear e prevenir atividades potencialmente devastadoras.

Eficácia na investigação criminal

Além da prevenção, a vigilância digital é uma ferramenta poderosa nas investigações criminais. Norris e Armstrong (1999), em "The Maximum Surveillance Society: the Rise of CCTV", analisam o impacto das câmeras de vigilância no esclarecimento de crimes. Eles demonstram como o uso de CCTV (*closed-circuit television*) em espaços públicos aumentou significativamente as taxas de resolução de crimes, proporcionando provas cruciais que ajudam na captura e condenação de criminosos.

Segurança nacional: a importância da vigilância para a defesa contra ameaças externas

Papel fundamental na segurança nacional

A vigilância digital é uma ferramenta indispensável para a segurança nacional, desempenhando um papel crucial na identificação e neutralização de ameaças externas. Zegart (2011), em "Spying Blind: the CIA, the FBI, and the Origins of 9/11", destaca como as falhas na vigilância e inteligência podem ter consequências devastadoras para a segurança nacional. Ela argumenta que um sistema de vigilância robusto e eficiente é essencial para prevenir ataques e proteger os cidadãos.

Monitoramento de ameaças transnacionais

Com o aumento do terrorismo global e das ameaças cibernéticas, a vigilância tornou-se uma ferramenta vital para monitorar e responder a ameaças transnacionais. Betts (2002), no artigo "The Soft Underbelly of American Primacy: Tactical Advantages of Terror", publicado na Political Science Quarterly, explora como a vigilância ajuda na detecção de atividades terroristas transnacionais, oferecendo aos governos a capacidade de agir proativamente contra tais ameaças.

Vigilância e cooperação internacional

A cooperação internacional em vigilância é fundamental para a segurança nacional. Em "The International Dimension of Cyber

Security", publicado no Journal of International Affairs, Hathaway e Klimburg (2012) discutem a importância da colaboração entre nações no compartilhamento de informações de vigilância. Eles defendem que, no contexto de ameaças cibernéticas e terroristas globais, a cooperação internacional é essencial para a eficácia da vigilância em proteger as fronteiras nacionais.

Exemplos práticos: casos reais em que a vigilância digital contribuiu significativamente para a segurança pública

Interceptação de ataques terroristas

Um dos exemplos mais significativos da eficácia da vigilância digital na segurança pública é a interceptação de ataques terroristas. Bamford (2008), em "The Shadow Factory: the NSA from 9/11 to the Eavesdropping on America", detalha como a Agência de Segurança Nacional dos EUA (NSA) utilizou a vigilância digital para interceptar comunicações que levaram à prevenção de vários ataques terroristas após os eventos de 11 de setembro de 2001. Esse caso ilustra como a vigilância digital pode ser uma ferramenta vital na detecção precoce de planos terroristas.

Resolução de crimes de alto perfil

A vigilância digital também exerce uma função importante na resolução de crimes de alto perfil. Em "CCTV and Crime Displacement: a Quasi-experimental Evaluation", Cerezo (2013) cita o trabalho de Welsh e Farrington (2009), que examinaram o impacto das câmeras de CCTV na solução de crimes notórios em Londres, incluindo o caso do atentado de 7 de julho de 2005. Eles concluem que as câmeras de vigilância foram fundamentais na identificação e captura dos responsáveis.

Prevenção de atividades criminosas em espaços públicos

Outro exemplo prático é a prevenção de crimes em espaços públicos com o uso de câmeras de vigilância. Fyfe e Bannister (1996) em "City Watching: Closed-circuit Television in Public Spaces", discutem como a implementação de CCTV em cidades como Glasgow, na Escócia, reduziu significativamente as taxas de criminalidade em áreas públicas, aumentando assim a segurança dos cidadãos.

7.3.3 Argumentos a favor da privacidade

Direitos individuais

A privacidade como direito humano fundamental

A privacidade é reconhecida como um direito humano fundamental, essencial para a autonomia individual e a dignidade. Warren e Brandeis (1890), em seu seminal artigo "The Right to Privacy", publicado na "Harvard Law Review", foram pioneiros em destacar a privacidade como um direito legal, argumentando que é fundamental para a liberdade individual. Eles defendem que a proteção da privacidade é crucial para permitir que os indivíduos mantenham controle sobre suas próprias vidas e escolhas.

Privacidade em conflito com a vigilância

Com o avanço da tecnologia digital, a privacidade enfrenta desafios sem precedentes. Solove (2004), em "The Digital Person: Technology and Privacy in the Information Age", discute como a coleta massiva de dados digitais ameaça a privacidade individual, transformando a forma como a informação pessoal é coletada, armazenada e utilizada. Ele destaca que essa invasão de privacidade pode levar a uma perda de controle sobre as informações pessoais, impactando negativamente a autonomia e liberdade individual.

A importância da privacidade para a sociedade democrática

A privacidade não é apenas um direito individual, mas também um pilar fundamental das sociedades democráticas. Westin (1967), em "Privacy and Freedom", argumenta que a privacidade é vital para a manutenção de uma sociedade livre e democrática. Ele explica que a privacidade permite que os indivíduos se associem livremente, pensem e se expressem sem medo de vigilância ou represália, sendo essencial para a liberdade de expressão e opinião.

Riscos de abuso: potenciais abusos de poder e violações de privacidade por entidades governamentais e corporativas

Abusos governamentais de vigilância

O potencial para abusos de poder nas mãos de entidades governamentais é uma preocupação séria na era da vigilância digital. Gellman e Poitras (2013), em reportagens publicadas no "The Washington Post" sobre as revelações de Edward Snowden, destacaram como programas de vigilância governamental, muitas vezes secretos, podem ir além do objetivo de segurança nacional, invadindo a privacidade de cidadãos inocentes. Eles mostram que, sem supervisão adequada, tais programas podem levar a um estado de vigilância excessiva, em que as liberdades civis são comprometidas.

Violações corporativas da privacidade

Além do governo, as corporações também desempenham um papel significativo nas violações de privacidade. O'Neil (2016), em "Weapons of Math Destruction", discute como as empresas usam algoritmos e análise de dados para não apenas violar a privacidade, mas também perpetuar injustiças sociais. Ela afirma que a coleta e análise de dados pessoais por empresas, muitas vezes sem o conhecimento ou consentimento explícito dos indivíduos, podem levar a práticas discriminatórias e abusivas.

A dimensão internacional do abuso de vigilância

A questão do abuso de vigilância não se limita a um único país ou região. Lyon (2003), em "Surveillance after September 11", explora a dimensão internacional dos abusos de vigilância no pós-11 de setembro, destacando como os governos em todo o mundo têm usado o pretexto da segurança nacional para ampliar seus poderes de vigilância, muitas vezes à custa da privacidade e liberdade individuais

Impactos sociais e psicológicos: como a vigilância constante pode afetar o comportamento, a liberdade de expressão e o bem-estar psicológico dos indivíduos

Mudança de comportamento e autocensura

A vigilância constante pode levar a uma mudança significativa no comportamento e na expressão individual. Bauman *et al.* (2014), em "Liquid Surveillance: a Conversation", exploram como a onipresença da vigilância pode induzir um estado de autocensura constante entre os indivíduos. Os autores defendem que, quando as pessoas estão cientes de que estão sendo constantemente observadas, tendem a modificar seu comportamento e expressões, limitando sua liberdade de expressão e autonomia.

Efeitos na liberdade de expressão

A vigilância também tem implicações profundas para a liberdade de expressão. Deibert (2013), em "Black Code: Surveillance, Privacy, and the Dark Side of the Internet", discute como a vigilância governamental e corporativa pode intimidar indivíduos e grupos, dissuadindo-os de expressar opiniões controversas ou dissidentes *online*. Esse fenômeno pode levar à criação de um ambiente no qual a liberdade de expressão é comprometida, impactando negativamente o discurso democrático.

Impactos no bem-estar psicológico

A vigilância constante também pode afetar o bem-estar psicológico. Monahan (2010), em "Surveillance in the Time of Insecurity", aborda os efeitos psicológicos da vigilância, como ansiedade e paranoia, destacando que a sensação de estar sempre sendo observado pode criar um ambiente de constante insegurança e medo. Isso pode levar a um aumento do estresse e ansiedade entre a população, afetando negativamente a saúde mental das pessoas.

7.3.4 Casos legais e regulamentações: legislação internacional e nacional

Legislação internacional sobre vigilância e privacidade

No cenário internacional, diversas leis e convenções buscam regular a vigilância e proteger a privacidade. O Regulamento Geral sobre a Proteção de Dados (GDPR) da União Europeia, implementado em 2018, é um dos exemplos mais proeminentes. Kuner *et al.* (2020), em "The EU General Data Protection Regulation (GDPR): a Commentary", oferecem uma análise abrangente do GDPR, destacando como essa legislação estabelece padrões rigorosos para a coleta, uso e compartilhamento de dados pessoais, impondo restrições significativas às práticas de vigilância.

Legislações nacionais variadas

As leis nacionais sobre vigilância e privacidade variam significativamente de país para país. Nos Estados Unidos, por exemplo, a Lei de Vigilância de Inteligência Estrangeira (FISA) e o Ato Patriota são legislações centrais que regulam a vigilância governamental. Solove e Schwartz (2020), em "Information Privacy Law", examinam essas leis, discutindo como elas equilibram questões de segurança nacional com a proteção da privacidade dos cidadãos.

No Brasil, a Lei Geral de Proteção de Dados Pessoais (LGPD), sancionada em 2018, estabelece diretrizes para a coleta e tratamento de dados pessoais. Doneda (2019), em "Da Privacidade à Proteção de Dados Pessoais", analisa a LGPD no contexto brasileiro, destacando como a lei representa um avanço significativo na proteção da privacidade e dos dados dos cidadãos brasileiros.

Desafios na aplicação da legislação

A aplicação dessas leis enfrenta desafios significativos, principalmente devido ao rápido avanço tecnológico e à natureza global da *internet*. Bennett e Raab (2006), em "The Governance of Privacy: Policy Instruments in Global Perspective", discutem os desafios na implementação de leis de privacidade e vigilância, ressaltando as dificuldades de regulamentar práticas que frequentemente transcendem fronteiras nacionais.

7.3.5 Desafios legais e éticos: dilemas enfrentados pelos legisladores ao equilibrar segurança e privacidade

Conflitos entre segurança nacional e direitos civis

O dilema entre segurança e liberdade

O desafio central na relação entre segurança nacional e direitos civis reside no dilema de equilibrar a proteção da sociedade contra ameaças externas e internas com a manutenção das liberdades individuais. Waldron (2003) aborda profundamente esse tema em "Security and Liberty: the Image of Balance". Ele defende que, enquanto as medidas de segurança são essenciais para proteger a sociedade, elas frequentemente impõem restrições significativas às liberdades civis. Waldron destaca que a verdadeira questão não é se a segurança e a liberdade podem coexistir, mas como equilibrá-las de maneira que nenhuma seja excessivamente comprometida.

Exemplos históricos de conflito

Historicamente, tem havido numerosos exemplos em que a segurança nacional foi priorizada em detrimento dos direitos civis. Durante períodos de guerra ou ameaças terroristas, governos frequentemente ampliam seus poderes de vigilância e reduzem as liberdades individuais. Dworkin (2002), em "The Threat to Patriotism", explora as consequências das reações do governo dos EUA após o 11 de setembro, destacando como medidas como o Ato Patriota levaram a significativas invasões de privacidade e liberdades civis.

Impacto psicológico e social

O impacto psicológico e social desses conflitos também é significativo. Greenwald (2014), em "No Place to Hide: Edward Snowden, the NSA, and the U.S. Surveillance State", descreve como o conhecimento da vigilância governamental afeta o comportamento e a psique dos cidadãos, levando a um estado de *chilling effect*, no qual as pessoas se sentem menos livres para expressar suas opiniões ou se engajar em atividades completamente legais, por medo de serem vigiadas.

Buscando um equilíbrio

Waldron sugere que encontrar um equilíbrio apropriado entre segurança e privacidade envolve uma ponderação cuidadosa dos riscos e benefícios das medidas de vigilância. Isso implica uma avaliação constante das políticas de segurança para garantir que elas não infrinjam desnecessariamente os direitos civis. Ao mesmo tempo, é necessário que haja transparência e mecanismos de responsabilização para assegurar que as medidas de segurança não se tornem desproporcionais ou abusivas.

Questões éticas na vigilância massiva
A ética da coleta massiva de dados

A vigilância massiva, especialmente na forma da coleta indiscriminada de dados, levanta importantes questões éticas. David Lyon, em "Surveillance Studies: an Overview" (2007), investiga profundamente essas questões. Ele argumenta que a vigilância em massa, frequentemente justificada sob o pretexto de segurança nacional, pode ter implicações profundas para os direitos e liberdades individuais. Lyon questiona a moralidade dessas práticas em sociedades que se consideram democráticas, em que a privacidade e a liberdade individual são valorizadas.

Privacidade *versus* segurança

Um dos principais dilemas éticos da vigilância massiva é a tensão entre privacidade e segurança. Essa dicotomia muitas vezes coloca o direito à privacidade dos indivíduos contra as medidas adotadas em nome da segurança coletiva. Bauman e Lyon (2013), em "Liquid Surveillance: a Conversation", discutem como as tecnologias de vigilância modernas, ao invadirem a privacidade individual, podem corroer a confiança nas instituições e na própria estrutura democrática.

Consentimento e conhecimento público

Outra questão ética de suma importância é o grau de consentimento e conhecimento público sobre as práticas de vigilância. Solove (2011), em "Nothing to Hide: the False Tradeoff between Privacy and Security", afirma que muitas práticas de vigilância ocorrem sem o conhecimento ou consentimento explícito dos cidadãos. Ele salienta a importância do consentimento informado e da transparência nas operações de vigilância para manter uma sociedade democrática saudável.

Responsabilidade e transparência

Lyon enfatiza a necessidade de responsabilidade e transparência nas práticas de vigilância. Sem mecanismos adequados de supervisão e responsabilização, a vigilância massiva pode facilmente se transformar em uma ferramenta de abuso de poder. Haggerty e Ericson (2000), em "The Surveillant Assemblage", discutem como a vigilância distribuída e descentralizada, característica da era digital, requer novas formas de responsabilidade e governança para evitar abusos.

Proteção de dados e privacidade em uma era digital

Desafios únicos da era digital

A proteção de dados e a privacidade enfrentam desafios inéditos na era digital, principalmente devido à ubiquidade da coleta e análise de dados. Richards e Solove, em "Privacy's Other Path: Recovering the Law of Confidentiality" (2013), destacam como as tecnologias digitais transformaram radicalmente as formas de interação e comunicação, levando à acumulação massiva de dados pessoais. Eles argumentam que essa nova realidade exige uma revisão e fortalecimento das leis existentes sobre confidencialidade e privacidade, adaptando-as às complexidades do ambiente digital.

A necessidade de novas estruturas legais

A era digital demanda uma reformulação das estruturas legais tradicionais de proteção de dados. As leis atuais muitas vezes não conseguem abranger as complexas formas de coleta e uso de dados pessoais realizadas por meio de tecnologias avançadas. Por exemplo, Mayer-Schönberger (2009), em "Delete: the Virtue of Forgetting in the Digital Age", examina a dificuldade de aplicar o conceito tradicional de esquecimento aos dados digitais, argumentando pela necessidade de uma abordagem legal que reconheça e regule o direito ao esquecimento digital.

Consentimento e transparência

Um aspecto primordial na proteção de dados é o consentimento informado e a transparência. Acquisti, Brandimarte e Loewenstein (2015), em "Privacy and Human Behavior in the Age of Information", discutem a importância de garantir que os usuários compreendam e consintam explicitamente com a coleta e o uso de seus dados. Eles salientam que muitos usuários não estão cientes de como suas informações são coletadas, usadas ou compartilhadas, destacando a necessidade de maior transparência nas práticas de coleta de dados.

Impacto da tecnologia na autonomia individual

A proteção de dados também está intrinsecamente ligada à autonomia individual. Cohen (2012), em "Configuring the Networked Self", aborda como as práticas de coleta de dados afetam a autonomia pessoal, moldando não apenas a privacidade, mas também a liberdade de escolha e expressão dos indivíduos. Ela defende a criação de políticas de privacidade que não apenas protejam os dados, mas também preservem a autonomia individual na era digital.

Balanço entre transparência e segurança

A dualidade transparência-segurança

A relação entre transparência governamental e segurança nacional é complexa e frequentemente conflituosa. Fenster, em "The Transparency Fix: Secrets, Leaks, and Uncontrollable Government Information" (2006), explora a tensão intrínseca entre a necessidade de transparência para assegurar a responsabilidade democrática e a exigência de sigilo em assuntos de segurança nacional. O autor expressa que essa dualidade apresenta um desafio significativo para os formuladores de políticas, que devem equilibrar o direito do público à informação com a necessidade de proteger informações sensíveis.

Transparência como ferramenta democrática

A transparência é vista como um pilar fundamental da democracia, promovendo a responsabilidade e a confiança nas instituições governamentais. Bok (1982), em "Secrets: on the Ethics of Concealment and Revelation", discute a importância da transparência para a confiança pública e o funcionamento eficaz de uma sociedade democrática. Ele examina como a ocultação de informações pelo governo pode minar a confiança pública e argumenta pela necessidade de critérios claros para determinar quando o sigilo é justificável.

Desafios do sigilo em segurança

Por outro lado, o sigilo em questões de segurança é muitas vezes justificado pela proteção do bem-estar público e da integridade nacional. Simon (2007), em "Governing Through Crime: How the War on Crime Transformed American Democracy and Created a Culture of Fear", analisa como as políticas de segurança podem levar a um aumento do sigilo governamental, muitas vezes em detrimento da transparência e responsabilidade democráticas. Ele destaca como a ênfase na segurança pode resultar em uma cultura de medo, em que o sigilo é frequentemente privilegiado sobre a transparência.

Encontrando o equilíbrio apropriado

O desafio está em encontrar um equilíbrio entre esses dois imperativos. Esse equilíbrio implica considerar cuidadosamente quais informações devem permanecer secretas em nome da segurança nacional e quais devem ser divulgadas para manter a responsabilidade democrática. Roberts (2006), em "Blacked Out: Government Secrecy in the Information Age", propõe que a chave para esse equilíbrio está em estabelecer processos robustos de revisão e supervisão que garantam a proteção tanto da segurança quanto da transparência.

7.3.6 Estudos de caso

Governos *versus* empresas de tecnologia

Conflitos sobre acesso a dados privados

A interação entre governos e empresas de tecnologia em relação ao acesso a dados privados tem sido marcada por conflitos significativos, refletindo o embate entre a segurança nacional e a privacidade individual. Esses casos ilustram desafios e dilemas éticos, legais e tecnológicos enfrentados por ambas as partes.

Caso Apple *vs.* FBI

Um dos casos mais notórios é o da Apple contra o FBI em 2016, em que o governo dos EUA solicitou à Apple que desbloqueasse o iPhone de um atirador envolvido no ataque terrorista de San Bernardino. Selyukh (2016), em "Apple v. FBI: the Unanswered Questions and Unsettled Issues", analisa esse caso, discutindo as implicações legais e éticas do pedido do FBI. Ele destaca como o caso levantou questões sobre a extensão dos poderes governamentais para acessar informações privadas e a resistência das empresas de tecnologia em comprometer a segurança e privacidade de seus usuários.

Caso Microsoft *vs.* governo dos EUA

Outro exemplo importante é o caso da Microsoft contra o governo dos EUA, relacionado ao acesso a *e-mails* armazenados em servidores fora dos Estados Unidos. Daskal (2015), em "The Un-Territoriality of Data", discute a complexidade jurisdicional desse caso e suas implicações para a privacidade de dados em uma era digital globalizada. O caso destacou as tensões entre as leis de privacidade de dados e as demandas de aplicação da lei por acesso a informações digitais, independentemente de sua localização.

Google e o direito ao esquecimento

Além disso, os desafios do "direito ao esquecimento" colocaram o Google em uma posição complicada perante governos europeus. Ausloos (2012), em "The Right to be Forgotten – Worth Remembering?", explora como as solicitações para remover informações dos resultados de pesquisa do Google, baseadas no GDPR, levantam questões sobre liberdade de expressão, privacidade e soberania jurisdicional. Esse caso ilustra o delicado equilíbrio entre a privacidade dos indivíduos e o interesse público no acesso à informação.

Vazamentos de dados e escândalos: incidentes notáveis e suas consequências

Introdução aos vazamentos de dados

Vazamentos de dados e escândalos têm se tornado cada vez mais comuns na era digital, afetando significativamente a privacidade e segurança de indivíduos e organizações. Esses incidentes expõem informações sensíveis, levando a consequências de longo alcance.

Escândalo da Cambridge Analytica e Facebook

Um dos exemplos mais notórios é o escândalo da Cambridge Analytica em 2018, em que dados de milhões de usuários do Facebook foram coletados sem consentimento para influenciar as eleições. Cadwalladr e Graham-Harrison (2018), em reportagens para "The Observer", detalharam como os dados foram usados para criar perfis psicográficos dos eleitores. Esse caso ressaltou não apenas a vulnerabilidade dos dados pessoais em plataformas de mídia social, mas também como eles podem ser usados de maneira antiética.

Vazamento de dados da Equifax

Outro incidente significativo foi o vazamento de dados da Equifax em 2017, que expôs informações pessoais de milhões de consumidores. Bernard, Hsu, Perlroth e Lieber (2017), em artigo para "The New York Times", exploraram as falhas de segurança que levaram ao vazamento e as implicações para a segurança financeira dos consumidores. Esse caso levantou questões sobre a responsabilidade das empresas em proteger os dados dos consumidores e as consequências de falhas na segurança de dados.

Sony Pictures Entertainment *hack*

O ataque *hacker* à Sony Pictures Entertainment em 2014 é outro exemplo notável. Esse vazamento resultou na divulgação de uma grande quantidade de dados confidenciais, incluindo comunicações internas e informações pessoais de funcionários. Sandoval e Fried (2014), na "CNET", discutiram as implicações desse ataque, incluindo as preocupações com a segurança cibernética nas corporações e as repercussões diplomáticas, pois o ataque foi atribuído à Coreia do Norte.

7.3.7 Debate atual e perspectivas futuras

Opiniões de especialistas:

Ao desenvolver o subtítulo "Opiniões de especialistas" com informações atuais e relevantes, encontramos diversas perspectivas importantes de especialistas em campos como segurança cibernética, privacidade digital e direitos humanos.

Avanços tecnológicos e seus desafios: segundo Anderson e Lee do Pew Research Center (2023), há uma preocupação crescente sobre como as tecnologias, incluindo a IA e os sistemas de vigilância biométrica, estão se tornando mais personalizadas e invasivas. Isso inclui o uso de dados biométricos, fisiológicos, sintéticos e até genômicos, levando a um aumento na eficácia de comunidades e indivíduos que promovem desinformação e ódio. Além disso, destaca-se a preocupação com a utilização de tecnologias sociais, como assistentes virtuais e modelos de linguagem, na educação e na saúde, trazendo implicações éticas significativas.

***Cybersecurity* e inteligência artificial:** o Center for Internet Security (CIS) previu que em 2023 veríamos tendências como automação em operações de segurança, regulamentações de privacidade mais rigorosas, adoção multinuvem e o impacto significativo do desenvolvimento de tecnologias como o ChatGPT no campo da segurança cibernética. Isso inclui a necessidade de implementar protocolos de segurança rigorosos e monitoramento contínuo para garantir o uso seguro e responsável dessas tecnologias.

Figura 7.5: Inteligência artificial e cibersegurança

Fonte: Gerado via DALL.E, 2024.

Direitos humanos e tecnologias emergentes: de acordo com especialistas da ONU, é necessário que haja maior transparência, supervisão e regulamentação para lidar com os impactos negativos das novas ferramentas digitais e espaços *online* nos direitos humanos. Eles expressam preocupação com a proliferação de *spyware* invasivo e uma variedade crescente de tecnologias de vigilância direcionadas usadas ilegalmente contra defensores dos direitos humanos, ativistas e jornalistas. Além disso, enfatizam a necessidade de assegurar que esses sistemas não exponham ainda mais as pessoas e comunidades a violações de direitos humanos, inclusive por meio da expansão e do abuso de práticas de vigilância invasiva.

Avanços em IA e aprendizado profundo: a equipe da OpenAI, por exemplo, tem trabalhado em projetos para prevenir que uma superinteligência hipotética, capaz de superar a inteligência humana, saia do controle. Essa é uma abordagem proativa para garantir que, à medida que a IA avança, também sejam consideradas as implicações éticas e de segurança (MIT Technology Review, 2023).

Integração da IA no cotidiano: especialistas como Fei-Fei Li, da Universidade de Stanford, estão focados em pesquisas que incluem IA cognitivamente inspirada, aprendizado de máquina, visão computacional e sistemas inteligentes ambientais para a entrega de cuidados de saúde. Esse enfoque sugere uma crescente integração da IA em áreas cruciais, como a saúde (Stanford Emerging Technology Review, 2023).

IA em *marketing* e outras áreas de negócios: há uma expectativa de que a adoção de IA se torne mais generalizada em áreas como *marketing*, com o uso de IA adaptativa para redefinir modelos em tempo real com base em *feedbacks*. Além disso, o avanço de modelos, como o GPT-3, tem o potencial de revolucionar diversas indústrias, apesar dos desafios de regulamentação e privacidade (TechRound, 2023).

Tendências em IA responsável e generativa: observa-se um movimento de transição da IA responsável de conceito para prática, com o desenvolvimento de tecnologia mais inteligente e quadros legais emergentes. Por exemplo, o AI Act, uma proposta de lei europeia para regular o uso da IA, visa estabelecer um padrão para IA responsável. Paralelamente, a IA generativa está fazendo grandes avanços, movendo-se da criação de imagens realistas para aplicações em voz e vídeo (Sanders, 2023).

7.3.8 Tecnologia emergente e novos desafios

Avanços em inteligência artificial e *internet* das coisas: impacto no debate de segurança *versus* privacidade

- **Integração pervasiva**: a inteligência artificial (IA) e a *internet* das coisas (IoT) estão se tornando cada vez mais integradas à nossa vida diária. Essas tecnologias têm o potencial de coletar grandes quantidades de dados pessoais, levantando preocupações significativas sobre a privacidade.
- **Predição e análise**: a IA, com sua capacidade de analisar grandes conjuntos de dados, pode prever comportamentos e preferências individuais. Isso tem implicações tanto para a personalização de serviços quanto para a vigilância potencial.
- **Segurança pública e vigilância**: enquanto a IoT pode ser utilizada para aumentar a segurança pública, como na monitorização de espaços urbanos ou na gestão de emergências, também existe o risco de uma vigilância invasiva que pode infringir as liberdades civis.
- **Desafios éticos e legais**: o crescimento da IA e IoT traz consigo desafios éticos e legais. A legislação atual pode não ser suficiente para lidar com questões como a propriedade de dados, consentimento informado e o direito à privacidade.

Construindo um caminho equilibrado

- **Políticas e regulamentações**: as sociedades devem considerar como criar políticas e regulamentações que equilibrem a necessidade de segurança e a preservação da privacidade.

Isso pode incluir leis mais rigorosas sobre coleta de dados e consentimento, além de limites para a vigilância governamental e corporativa.

- **Transparência e responsabilidade**: é essencial garantir transparência nas práticas de coleta de dados e no uso de IA. As organizações devem ser responsabilizadas pelo uso ético de tecnologias.
- **Participação pública e conscientização**: promover uma maior participação pública e conscientização sobre questões de privacidade e segurança é fundamental. Isso pode incluir educação sobre direitos digitais e práticas de segurança *online*.
- **Tecnologia em favor da privacidade**: investir em tecnologias que protejam a privacidade, como criptografia de ponta a ponta e arquiteturas de dados descentralizadas, pode ajudar a preservar a privacidade individual sem comprometer a segurança pública.
- **Balanceamento dinâmico**: dado o rápido desenvolvimento tecnológico, é necessário um processo de avaliação e ajuste contínuo das políticas para manter um equilíbrio apropriado entre privacidade e segurança.

Conclusão

A integração cada vez maior de tecnologias emergentes como a IA e a IoT no tecido social exige uma reflexão profunda e contínua sobre como equilibrar a segurança pública e a privacidade individual. A chave para um futuro equilibrado residirá na criação de um diálogo inclusivo entre legisladores, tecnólogos, acadêmicos e o público, assegurando que as inovações tecnológicas sejam usadas de maneira que respeitem os valores éticos e a dignidade humana.

Capítulo 8:

Impacto econômico da tecnologia

O Capítulo 8 do nosso estudo, dedicado ao "Impacto econômico da tecnologia", inicia-se com uma análise aprofundada da "Tecnologia e transformação do mercado de trabalho" na seção 8.1. Este segmento é crucial para compreender como a incorporação de inovações tecnológicas tem redefinido as dinâmicas do trabalho contemporâneo. Abordaremos como a automação, a digitalização e o advento de novas ferramentas tecnológicas estão remodelando não apenas os tipos de empregos disponíveis, mas também as habilidades necessárias para prosperar no ambiente de trabalho moderno. Esta seção serve como um ponto de partida para explorar os variados efeitos econômicos da tecnologia, estabelecendo o cenário para discussões subsequentes sobre a economia *gig*, automação e as crescentes desigualdades econômicas exacerbadas pelas inovações tecnológicas.

8.1 Tecnologia e transformação do mercado de trabalho

A tecnologia, ao longo dos últimos anos, tem atuado como um catalisador fundamental na transformação do mercado de trabalho.

Essa mudança não é apenas uma consequência direta da automação e da digitalização, mas também um reflexo das alterações subjacentes nas estruturas ocupacionais e nas demandas de habilidades.

Reconfiguração das estruturas ocupacionais

Mattoso (2000) destaca que a automação e a digitalização estão reconfigurando as estruturas ocupacionais de maneira significativa. Por um lado, tecnologias como a inteligência artificial e a robótica estão substituindo empregos que envolvem tarefas repetitivas e previsíveis, particularmente em setores como manufatura e serviços administrativos. Por outro lado, essas mesmas tecnologias estão criando novas oportunidades de emprego, especialmente em áreas que requerem gestão de sistemas complexos, análise de dados e desenvolvimento de *software*.

Figura 8.1: A evolução da forma de trabalho

Fonte: Gerado via DALL.E, 2024.

Essa dualidade apresenta um cenário no qual alguns empregos estão se tornando obsoletos, enquanto novos surgem, exigindo diferentes conjuntos de habilidades e competências.

Mudança nas demandas de habilidades

Silva e Santos (2021) apontam que a transformação no mercado de trabalho não é apenas quantitativa, mas também qualitativa. As habilidades exigidas no mercado moderno são drasticamente diferentes daquelas necessárias em décadas passadas. Há uma demanda crescente por habilidades cognitivas avançadas, como pensamento crítico, solução de problemas complexos e habilidades interpessoais, como comunicação eficaz e trabalho em equipe. Além disso, a capacidade de se adaptar a novas tecnologias e a aprendizagem contínua tornaram-se cruciais. Esse cenário implica que os trabalhadores precisam se requalificar e atualizar constantemente suas habilidades para se manterem relevantes no mercado de trabalho em evolução.

Impacto na educação e formação

Esse novo panorama do mercado de trabalho também impacta o setor de educação e formação profissional. Instituições de ensino e programas de treinamento estão sendo desafiados a se adaptar rapidamente para atender às novas demandas de habilidades. Isso significa não apenas atualizar currículos, mas também adotar métodos de ensino que promovam habilidades como pensamento crítico, criatividade e aprendizado autodirigido. Além disso, a educação continuada e o treinamento ao longo da vida tornam-se componentes essenciais para a empregabilidade na era digital.

Conclusão

Em resumo, a tecnologia está remodelando o mercado de trabalho de maneiras complexas e multifacetadas. A automação e digitalização, embora criem eficiências e oportunidades, também trazem desafios significativos, especialmente em termos de deslocamento de trabalhadores e a necessidade de requalificação. Para navegar com sucesso nesta paisagem em mudança, tanto empregadores quanto trabalhadores devem priorizar a adaptabilidade e o aprendizado contínuo, e as instituições educacionais devem desempenhar um papel central na facilitação dessa transição.

8.2 Economia *gig* e automação

A ascensão da "economia *gig*", um fenômeno amplificado pela expansão das tecnologias digitais, tem reformulado a natureza do trabalho e do emprego no século XXI. Esta seção examina as facetas multifacetadas da economia *gig* e o papel da automação, explorando tanto os benefícios quanto os desafios que surgem desse novo paradigma econômico.

Características da economia *gig*

A economia *gig* caracteriza-se pelo trabalho temporário ou *freelance*, muitas vezes mediado por plataformas digitais que conectam trabalhadores independentes com tarefas ou projetos de curto prazo. Esse modelo oferece uma flexibilidade sem precedentes tanto para empregadores quanto para trabalhadores. Para muitos, representa uma oportunidade de independência, permitindo-lhes escolher quando, onde e como trabalham. Esse aspecto da economia *gig* é particularmente atraente para indivíduos que buscam um equilíbrio entre vida profissional e pessoal ou que desejam complementar sua renda principal.

Benefícios e desafios

Enquanto a economia *gig* oferece flexibilidade e potencial para a autonomia dos trabalhadores, ela também apresenta desafios significativos relacionados à segurança no emprego e aos benefícios. Muitos trabalhadores da *gig economy* enfrentam incerteza em relação à sua renda e carecem de benefícios tradicionais de emprego, como plano de saúde, férias pagas e aposentadoria. Além disso, a natureza frequentemente isolada desse tipo de trabalho pode levar a uma falta de sentido de comunidade e suporte profissional.

Automação: eficiência e deslocamento de empregos

Por outro lado, a automação, uma força significativa na economia contemporânea, tem sido uma faca de dois gumes. Pereira e Oliveira (2020) enfatizam que, embora a automação possa aumentar a eficiência e reduzir custos em muitos setores, ela também ameaça deslocar trabalhadores de seus empregos. Indústrias que dependem de tarefas repetitivas, como manufatura e logística, são particularmente vulneráveis a serem substituídas por máquinas e *software*. Esse deslocamento não é apenas um problema econômico, mas também um desafio social, pois exige uma requalificação significativa dos trabalhadores afetados e a criação de novas oportunidades de emprego em setores menos suscetíveis à automação.

Conclusão

Em suma, a economia *gig* e a automação estão redefinindo as relações de trabalho e as estruturas de emprego. Enquanto oferecem novas oportunidades e eficiências, também impõem desafios significativos, como a insegurança no emprego e a potencial perda de postos de trabalho devido à automação. Esse cenário exige uma consideração cuidadosa de políticas e estratégias para garantir que os avanços tecnológicos beneficiem a sociedade como um todo, sem excluir ou desfavorecer segmentos significativos da força de trabalho.

8.3 Desigualdades econômicas exacerbadas pela tecnologia

A tecnologia, frequentemente celebrada como um motor de crescimento econômico e inovação, paradoxalmente também tem sido um fator contribuinte para o aprofundamento das desigualdades econômicas. A seguir, exploraremos como o acesso e uso desigual da tecnologia podem exacerbar as disparidades econômicas, tanto em escala nacional quanto global, e a necessidade emergente de políticas inclusivas.

Ampliação das disparidades econômicas

Fernandes (2022) destaca em sua pesquisa que, embora a tecnologia tenha potencial para aumentar a produtividade e gerar novas oportunidades econômicas, sua distribuição e acesso desigual têm exacerbado as disparidades existentes. Em muitas regiões, especialmente em países em desenvolvimento, o acesso limitado a tecnologias avançadas cria um fosso significativo em termos de oportunidades econômicas. Isso não apenas limita o potencial individual e comunitário, como também pode resultar em uma "divisão digital", em que determinadas populações são deixadas para trás no cenário econômico global.

Políticas inclusivas para distribuição equitativa de benefícios

Costa e Lima (2023) argumentam que, para combater essas desigualdades, é essencial a implementação de políticas inclusivas. Eles defendem a necessidade de estratégias governamentais e corporativas que assegurem que os benefícios trazidos pela tecnologia sejam compartilhados de maneira mais equitativa. Isso inclui investimentos em infraestrutura tecnológica, educação digital e programas de capacitação que possam ajudar a nivelar o campo de jogo para as populações menos favorecidas. A ênfase é colocada na ideia de que a tecnologia deve ser um veículo para a inclusão e o desenvolvimento equitativo, e não uma fonte de maior desigualdade.

Capítulo 9:

Tecnologia e educação

Neste capítulo, exploraremos o papel profundamente transformador da tecnologia no âmbito da educação. Abordaremos como as tecnologias emergentes estão redefinindo as práticas de ensino e aprendizagem, enfatizando o impacto dessas inovações no acesso à educação, na inclusão digital e no desenvolvimento cognitivo dos alunos. As seções seguintes detalharão como ferramentas como a realidade virtual, a realidade aumentada e a inteligência artificial não apenas enriquecem o processo educativo, como também criam novos desafios e oportunidades para educadores e estudantes. Ao mergulhar nesse tema, revelaremos como a tecnologia está moldando o futuro da educação em diversos aspectos.

9.1 Tecnologias emergentes no ensino e aprendizagem

O setor educacional tem sido profundamente impactado pelas tecnologias emergentes, que estão redefinindo as abordagens tradicionais de ensino e aprendizagem. A incorporação de inovações como realidade virtual (RV), realidade aumentada (RA) e inteligência artificial (IA) está transformando a maneira como o conhecimento é transmitido e assimilado.

Realidade virtual e aumentada no ambiente educacional

De acordo com Silva e Castro (2021), o uso da realidade virtual e da realidade aumentada no ambiente educacional tem proporcionado experiências de aprendizagem mais profundas e envolventes. Por meio da RV, os estudantes podem ser transportados para ambientes simulados, nos quais podem experimentar situações históricas, viagens espaciais ou explorações biológicas de uma maneira muito mais interativa e imersiva do que seria possível em uma sala de aula tradicional.

Figura 9.1: Ambiente educacional com realidade virtual e aumentada

Fonte: Gerado via DALL.E, 2024.

Da mesma forma, a RA fornece uma camada adicional de interação com o mundo real, permitindo que os alunos vejam elementos digitais sobrepostos no ambiente físico, o que pode ser particularmente útil em disciplinas como a geometria ou a biologia.

Inteligência artificial na personalização da aprendizagem

A inteligência artificial, por sua vez, tem um papel determinante na personalização da experiência educacional. As ferramentas de IA podem analisar o progresso e o estilo de aprendizagem de cada aluno, adaptando o material didático às suas necessidades específicas. Isso não apenas melhora a eficácia do processo de aprendizagem, como também ajuda a manter os alunos engajados e motivados. Além disso, sistemas baseados em IA podem fornecer *feedback* instantâneo e assistência personalizada, tornando o aprendizado mais dinâmico e interativo.

Enriquecimento do conteúdo educativo

Essas tecnologias emergentes não apenas transformam a metodologia de ensino, mas também enriquecem significativamente o conteúdo educativo. Elas permitem a criação de experiências de aprendizado que são ao mesmo tempo mais abrangentes e mais detalhadas, abrindo caminho para uma compreensão mais profunda e multifacetada dos tópicos estudados. A possibilidade de explorar conceitos complexos de maneira visual e interativa ajuda na retenção de conhecimento e no desenvolvimento de habilidades críticas de pensamento.

Conclusão

Em conclusão, as tecnologias emergentes estão desempenhando um papel transformador no ensino e aprendizagem. Elas não só oferecem novas maneiras de engajar e motivar os alunos, mas também abrem portas para métodos de ensino mais adaptativos e personalizados. Esse avanço tecnológico representa um passo significativo na evolução da educação, promovendo um ambiente de aprendizado mais eficaz, interativo e estimulante.

9.2 Acesso e inclusão digital na educação

Importância do acesso e inclusão digital

A inclusão digital na educação é um aspecto crucial para assegurar a igualdade de oportunidades de aprendizado para estudantes de todos os estratos socioeconômicos. A era digital trouxe consigo a necessidade de acesso a dispositivos tecnológicos e a conexões de *internet* de alta velocidade como pré-requisitos para uma educação de qualidade. Pereira e Oliveira (2022) ressaltam a importância de políticas educacionais que garantam esse acesso equitativo. Essas políticas não são apenas sobre a provisão de *hardware* e infraestrutura, mas também sobre a capacitação dos alunos para utilizar efetivamente essas ferramentas em seu processo de aprendizagem.

Superando disparidades educacionais

O acesso desigual à tecnologia pode exacerbar as disparidades educacionais já existentes. Alunos de famílias de baixa renda ou de regiões remotas podem não ter os mesmos recursos tecnológicos que seus colegas em situações mais privilegiadas, o que cria um abismo no potencial de aprendizado e desenvolvimento. A pesquisa de Pereira e Oliveira (2022) ilustra como a falta de acesso à tecnologia e à conectividade de qualidade impede significativamente o progresso educacional de muitos estudantes, limitando suas oportunidades futuras.

Estratégias para promoção da inclusão digital

Para enfrentar esses desafios, é essencial que as políticas educacionais se concentrem não apenas em fornecer o acesso, mas também em garantir a inclusão digital efetiva. Isso envolve programas de treinamento para professores e alunos, garantindo que ambos possam usar a tecnologia de maneira eficiente e produtiva. Além disso, deve-se promover a alfabetização digital desde os primeiros anos escolares, para que os alunos possam desenvolver as habilidades necessárias para navegar no mundo digital de forma crítica e responsável.

9.3 Impacto da tecnologia no desenvolvimento cognitivo

Ambivalência do impacto tecnológico

O impacto da tecnologia no desenvolvimento cognitivo, especialmente em crianças e adolescentes, é uma área de estudo de crescente interesse e importância. Ferreira (2023) destaca a natureza ambivalente desse impacto, observando que a interação frequente com a tecnologia pode ter efeitos tanto benéficos quanto prejudiciais. Por um lado, as ferramentas digitais oferecem oportunidades sem precedentes para o desenvolvimento de habilidades cognitivas importantes.

Benefícios cognitivos das ferramentas digitais

As ferramentas digitais, quando utilizadas de maneira adequada, podem contribuir significativamente para melhorar habilidades como memória, atenção e resolução de problemas. Jogos educativos, aplicativos de aprendizagem e plataformas interativas podem reforçar o ensino e o aprendizado, tornando-os mais atraentes e eficazes. Nesse sentido, Ferreira (2023) aponta que tais tecnologias podem ajudar a desenvolver o pensamento crítico e a criatividade, oferecendo aos jovens a oportunidade de explorar conceitos e ideias de maneira interativa e envolvente.

Desafios e riscos do uso excessivo

No entanto, o uso excessivo e inadequado da tecnologia pode ter efeitos adversos. À vista disso, Ferreira (2023) adverte que a exposição prolongada a telas e a interação contínua com dispositivos digitais podem levar a deficiências em áreas críticas, como atenção sustentada e desenvolvimento socioemocional. Questões como a dependência de dispositivos, a redução do tempo de interação face a face e o impacto nas habilidades de comunicação interpessoal são preocupações crescentes. Além disso, o excesso de tempo gasto em ambientes virtuais pode afetar negativamente a capacidade dos jovens de se engajar em aprendizagem profunda e reflexiva.

Conclusão

Assim, o impacto da tecnologia no desenvolvimento cognitivo é complexo e multifacetado. Enquanto oferece oportunidades inovadoras para enriquecer a aprendizagem e o desenvolvimento de habilidades, também apresenta desafios que devem ser cuidadosamente gerenciados. É fundamental que pais, educadores e formuladores de políticas considerem esses fatores ao integrar a tecnologia no processo educativo, buscando um equilíbrio que maximize seus benefícios enquanto minimiza potenciais riscos.

Capítulo 10:

Tecnologia, saúde e bioética

No Capítulo 10, "Tecnologia, saúde e bioética", exploramos a complexa intersecção entre os avanços tecnológicos e o campo da saúde, destacando como as inovações estão remodelando as práticas médicas e levantando novas questões éticas. Este capítulo aborda desde os desenvolvimentos mais recentes na medicina, como o uso de inteligência artificial e robótica, até as implicações éticas na biotecnologia e engenharia genética, culminando na análise do impacto da tecnologia na saúde mental. A seção 10.1 inicia a discussão com uma visão detalhada dos "Avanços tecnológicos na medicina", examinando como essas inovações não apenas melhoram os cuidados de saúde, como também introduzem novos desafios e oportunidades no tratamento e diagnóstico de doenças.

10.1 Avanços tecnológicos na medicina

Transformação da medicina por meio da tecnologia

A medicina tem experimentado uma transformação significativa impulsionada pelos avanços tecnológicos recentes. Como Souza e Almeida (2021) destacam, a integração de tecnologias como inteligência artificial (IA), robótica e telemedicina está redefinindo as práticas de diagnóstico e tratamento de doenças, tornando-as mais eficientes e precisas.

Figura 10.1: Representação de modernos equipamentos médicos

Fonte: Gerado via DALL.E, 2024.

Inteligência artificial na medicina

A IA tem se mostrado particularmente revolucionária no campo da medicina. Ela está sendo utilizada para melhorar a precisão dos diagnósticos, analisando grandes conjuntos de dados de saúde para identificar padrões que podem ser imperceptíveis para o olhar humano.

Figura 10.2: Representação de diagnóstico médico com auxílio de inteligência artificial

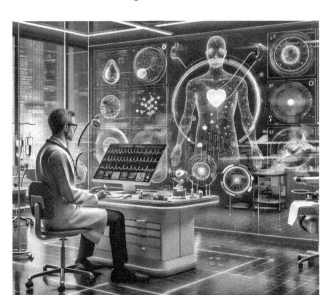

Fonte: Gerado via DALL.E, 2024.

Além disso, a IA tem uma função-chave na personalização dos tratamentos, adaptando-os às características individuais de cada paciente, como genética e histórico de saúde. Esse avanço tem um impacto significativo na eficácia dos tratamentos e na redução dos efeitos colaterais.

Robótica em procedimentos cirúrgicos

A robótica, por sua vez, tem permitido a realização de cirurgias menos invasivas, com maior precisão e menor risco para os pacientes.

Figura 10.3: Procedimento médico com auxílio de robôs

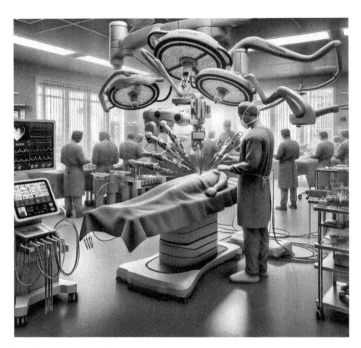

Fonte: Gerado via DALL.E, 2024.

Segundo Souza e Almeida (2021), as tecnologias robóticas não apenas melhoram os resultados cirúrgicos, como também contribuem para uma recuperação mais rápida e menos dolorosa dos pacientes.

Telemedicina e acesso remoto a serviços de saúde

A telemedicina, que ganhou um impulso significativo durante a pandemia de COVID-19, tem sido uma inovação vital, especialmente para regiões remotas ou para pacientes com mobilidade reduzida. Ela oferece acesso remoto a serviços de saúde, permitindo consultas, diagnósticos e até acompanhamento de tratamentos a distância.

Figura 10.4: Médico se preparando para atender em ambiente virtual

Fonte: Gerado via DALL.E, 2024.

Essa modalidade de atendimento médico não só facilita o acesso a serviços de saúde, como também ajuda a desafogar os sistemas de saúde sobrecarregados.

10.2 Questões éticas em biotecnologia e engenharia genética

Dilemas éticos da edição genética

A evolução acelerada da biotecnologia e da engenharia genética, especialmente com o surgimento de técnicas de edição genética como o CRISPR-Cas9, abriu um novo campo de possibilidades médicas e científicas. Contudo, como Costa e Silva (2022) enfatizam, essas tecnologias trazem consigo dilemas éticos complexos. A capacidade de editar o genoma humano oferece o potencial inovador de curar doenças genéticas, porém levanta questões profundas sobre a ética de tais modificações.

Modificação genômica e suas implicações

A principal preocupação ética em torno da edição genética é a extensão da sua aplicação. Enquanto a correção de mutações genéticas para tratar ou prevenir doenças é amplamente vista como benéfica, a possibilidade de usar essas tecnologias para melhorias genéticas, como aumentar a inteligência ou modificar características físicas, entra em um território moralmente cinzento. Tais práticas levantam questões sobre a "naturalidade" e a aceitação da diversidade humana, além de possíveis impactos sociais e culturais de longo alcance.

Acesso e desigualdades

Outra questão crítica é o acesso a essas tecnologias. Costa e Silva (2022) apontam que o alto custo das terapias de edição genética pode resultar em desigualdades significativas, em que apenas indivíduos ou sociedades mais ricas podem se beneficiar desses avanços. Isso pode levar a uma nova forma de disparidade: uma "divisão genética" entre aqueles que podem pagar por melhorias genéticas e aqueles que não podem.

Implicações em longo prazo

Além disso, as implicações em longo prazo da edição genética no genoma humano são ainda amplamente desconhecidas. Há preocupações sobre os efeitos não intencionais que a modificação genética pode ter nas gerações futuras. A alteração do genoma humano poderia ter consequências imprevistas, potencialmente alterando aspectos fundamentais da biologia humana e da evolução.

Conclusão

Portanto, a biotecnologia e a engenharia genética, apesar de suas promessas, apresentam um terreno complexo que requer uma reflexão ética cuidadosa. É essencial que a comunidade científica, junto com legisladores, éticos e o público em geral, colabore na criação de diretrizes que equilibrem o potencial dessas tecnologias com as considerações éticas e morais que elas suscitam.

10.3 Tecnologia e saúde mental

Impacto ambivalente da tecnologia na saúde mental

A relação entre tecnologia e saúde mental é complexa e multi-facetada, apresentando tanto aspectos potencialmente prejudiciais quanto benéficos. Pereira (2023) destaca que, por um lado, o uso excessivo de dispositivos digitais e a exposição constante às mídias sociais estão associados a um aumento nos problemas de saúde mental, como ansiedade, depressão e vício em *internet*. Por outro lado, a tecnologia também tem se mostrado uma ferramenta valiosa no tratamento de condições de saúde mental, fornecendo recursos como aplicativos de terapia e plataformas de suporte *online*.

Figura 10.5: Relação entre tecnologia e saúde mental

Fonte: Gerado via DALL.E, 2024.

Problemas de saúde mental relacionados à tecnologia

O uso excessivo de tecnologia pode levar a uma série de problemas de saúde mental. Estudos citados por Pereira (2023) indicam que o tempo prolongado diante das telas e a interação constante em mídias sociais podem aumentar os sentimentos de isolamento, ansiedade e depressão, especialmente entre adolescentes e jovens adultos. Além disso, o vício em *internet* é uma preocupação crescente, caracterizado pelo uso compulsivo de dispositivos digitais, que pode afetar negativamente a vida social, acadêmica e profissional dos indivíduos.

Tecnologia como ferramenta terapêutica

Em contrapartida, a tecnologia oferece novos caminhos para o tratamento de problemas de saúde mental. Aplicativos de terapia e plataformas de suporte *online*, por exemplo, estão tornando o acesso ao tratamento mais fácil e conveniente, especialmente para aqueles que podem ter dificuldades em buscar ajuda presencialmente. Tais ferramentas podem oferecer terapias baseadas em evidências, como a terapia cognitivo-comportamental (TCC), e fornecer suporte contínuo e monitoramento do progresso do usuário.

Capítulo 11:

Sustentabilidade e tecnologia ambiental

No Capítulo 11, "Sustentabilidade e tecnologia ambiental", iniciamos uma jornada exploratória nas intersecções cruciais entre inovação tecnológica e práticas sustentáveis. Este capítulo tem como objetivo desvendar como as tecnologias emergentes estão contribuindo para enfrentar os desafios impostos pelas mudanças climáticas, ao mesmo tempo promovendo o desenvolvimento sustentável e atenuando os impactos ambientais decorrentes da produção e descarte tecnológico.

Ao longo deste capítulo, seremos apresentados a uma análise detalhada das inovações em energias renováveis, como solar e eólica, e exploraremos as soluções tecnológicas para o sequestro de carbono, enfatizando seu papel essencial na mitigação das mudanças climáticas. Além disso, discutiremos os avanços e desafios no campo da energia verde, juntamente com as questões críticas relacionadas ao descarte de resíduos eletrônicos e as estratégias para um manejo mais sustentável desses materiais. Este capítulo não apenas ilumina o caminho para um futuro mais verde e sustentável, mas também ressalta a importância da responsabilidade ambiental na inovação tecnológica.

11.1 Tecnologia na mitigação das mudanças climáticas

No segmento sobre "Tecnologia na mitigação das mudanças climáticas", enfocamos as "Inovações em energias renováveis", destacando seu papel fundamental na resposta aos desafios climáticos atuais. Esta seção explora como a energia solar e a eólica, entre outras fontes renováveis, estão transformando o paradigma energético global. Essas tecnologias não são apenas alternativas ambientalmente sustentáveis, elas representam uma mudança crucial na redução da nossa dependência de combustíveis fósseis e na diminuição das emissões de gases de efeito estufa. A discussão se aprofunda nos avanços tecnológicos, nos desafios e oportunidades associados a essas fontes de energia, enfatizando a sua importância não só como soluções energéticas, mas como pilares centrais para alcançar um futuro sustentável e mitigar os impactos adversos das mudanças climáticas.

11.1.1 Inovações em energias renováveis

As tecnologias em energias renováveis, como a solar e a eólica, têm sido fundamentais na mudança do paradigma energético global, visando a redução da dependência de combustíveis fósseis. Estudos pioneiros, como o de Jacobson e Delucchi (2011), são notáveis por delinear estratégias detalhadas para uma transição energética 100% renovável. Eles argumentam que a combinação de energia eólica, hídrica e solar pode atender às demandas energéticas globais, sugerindo um caminho viável para um futuro sustentável.

Além disso, a pesquisa da REN21 (2020) fornece uma visão abrangente do estado atual das energias renováveis no mundo, destacando o crescimento contínuo dessas fontes de energia e como elas estão contribuindo para os esforços de mitigação das mudanças climáticas. Essa expansão é vista não apenas em grandes projetos, mas também em aplicações descentralizadas, o que demonstra a versatilidade e adaptabilidade das energias renováveis.

Klein *et al.* (2015), em seu trabalho sobre os custos da transição energética, destacam que, apesar dos desafios econômicos iniciais, em longo prazo a mudança para energias renováveis pode ser economicamente vantajosa, reduzindo custos e impactos ambientais.

Portanto, as energias renováveis não são apenas essenciais do ponto de vista ambiental, mas também se mostram cada vez mais viáveis do ponto de vista econômico, representando uma direção promissora para o futuro da produção de energia.

11.2 Soluções tecnológicas em carbono negativo

As soluções tecnológicas em carbono negativo, particularmente as tecnologias de captura e armazenamento de carbono (CAC), emergem como instrumentos vitais na luta contra as mudanças climáticas. De acordo com o Painel Intergovernamental sobre Mudanças Climáticas (IPCC), em seu relatório especial de 2018, essas tecnologias são vitais para limitar o aumento da temperatura global a 1,5 °C acima dos níveis pré-industriais. O IPCC destaca que, sem a implementação de CAC em larga escala, alcançar esse objetivo seria significativamente mais difícil e custoso.

A pesquisa de Fuss *et al.* (2014) complementa essa visão, enfatizando que a captura e armazenamento de carbono, junto com outras estratégias de remoção de carbono, podem desempenhar um papel-chave em estratégias de mitigação integradas. Eles argumentam que, enquanto a redução de emissões permanece prioritária, a CAC oferece um caminho adicional necessário para neutralizar as emissões de dióxido de carbono que são difíceis de eliminar.

Além disso, trabalhos como o de Boot-Handford *et al.* (2014) abordam os avanços tecnológicos e os desafios associados à captura e armazenamento de carbono. Esse estudo discute os métodos atuais de CAC, seus custos operacionais e o potencial de armazenamento seguro de CO_2, sublinhando a importância da inovação contínua e da pesquisa para melhorar a eficiência e viabilidade dessa tecnologia.

Portanto, as soluções tecnológicas em carbono negativo, e especialmente a CAC, representam uma parte essencial do conjunto de ferramentas necessárias para combater as mudanças climáticas, complementando esforços em energias renováveis e eficiência energética.

11.3 Inovações sustentáveis e energia verde

Dentro do amplo espectro de "Inovações sustentáveis e energia verde", abordado no Capítulo 11, um dos aspectos mais importantes é o desenvolvimento e a implementação de "Tecnologias verdes". Este segmento do capítulo destaca o papel integral que essas tecnologias desempenham na promoção da sustentabilidade ambiental. As inovações em tecnologias verdes não se limitam apenas ao fornecimento de fontes de energia mais limpas e eficientes, mas também englobam uma vasta gama de práticas e soluções que visam reduzir o impacto ambiental em diversos setores, desde a construção até a agricultura e a gestão de resíduos. A emergência dessas tecnologias reflete um esforço global para criar um equilíbrio mais harmonioso entre desenvolvimento humano e conservação ambiental, uma busca que se tornou cada vez mais premente em face das crescentes preocupações com as mudanças climáticas e a degradação ambiental. Portanto, ao investigarmos as "Tecnologias verdes e seu papel na sustentabilidade", mergulhamos em um exame detalhado de como essas inovações estão remodelando nossas práticas econômicas e sociais, levando-nos em direção a um futuro mais sustentável e ecologicamente responsável.

11.3.1 Tecnologias verdes e seu papel na sustentabilidade

No cerne do debate sobre um futuro sustentável está a função primordial do desenvolvimento de tecnologias verdes. Essas tecnologias não se limitam apenas a fontes de energia renovável, mas também abrangem uma ampla gama de inovações em eficiência energética, gestão de recursos e práticas industriais sustentáveis. Lovins (2011), em seu trabalho pioneiro, argumenta enfaticamente que a inovação em eficiência energética pode servir como um motor para a sustentabilidade, reduzindo o consumo de energia e as emissões de gases de efeito estufa, enquanto simultaneamente impulsiona o crescimento econômico.

Figura 11.1: Conceito de tecnologia verde, ilustrando uma integração harmoniosa entre avanços tecnológicos *eco-friendly* e um ecossistema vibrante e sustentável.

Fonte: Gerado via DALL.E, 2024.

Complementando essa visão, o relatório da Agência Internacional de Energia (IEA, 2020) detalha como as tecnologias verdes, incluindo avanços em eficiência energética e energias renováveis, são fundamentais para atingir as metas globais de sustentabilidade. A IEA enfatiza que a implementação dessas tecnologias pode levar a uma redução significativa nas emissões de carbono, além de oferecer benefícios econômicos e de saúde pública.

Além disso, estudos como o de Esty e Winston (2009) destacam como as empresas podem integrar tecnologias verdes em suas operações para alcançar não apenas sustentabilidade ambiental, mas também vantagens competitivas no mercado. Eles ilustram que a adoção de práticas sustentáveis é uma estratégia inteligente para negócios, que pode levar a uma maior eficiência, inovação e um melhor relacionamento com consumidores e a sociedade em geral.

Portanto, as tecnologias verdes são fundamentais para uma transição para um futuro mais sustentável, representando uma alavanca vital para mudanças positivas em múltiplos aspectos da sociedade e da economia.

11.3.2 Desafios e oportunidades no setor de energia verde

O setor de energia verde, apesar de seu potencial inquestionável e sua importância crescente na matriz energética global, enfrenta uma série de desafios significativos que precisam ser abordados para maximizar seu impacto e eficiência. Um dos principais obstáculos, conforme destacado pela Agência Internacional de Energia (IEA, 2020) em seus relatórios anuais, é o custo associado à implementação e manutenção de tecnologias de energia verde. Embora os custos de tecnologias como a solar e a eólica tenham diminuído drasticamente ao longo dos anos, ainda existem considerações econômicas, especialmente em relação à infraestrutura necessária e à integração dessas fontes de energia na rede elétrica existente.

Além disso, a intermitência de fontes como a energia solar e a eólica apresenta desafios para a estabilidade e confiabilidade da rede elétrica. Como observado por Jenkins *et al.* (2018), a necessidade de desenvolver sistemas de armazenamento de energia eficientes e econômicos é fundamental para mitigar a natureza variável dessas fontes de energia e garantir um fornecimento constante de energia.

Por outro lado, o setor de energia verde também oferece uma gama de oportunidades significativas. Segundo a IEA (2020), o crescimento das energias renováveis está impulsionando inovações em áreas como armazenamento de energia, tecnologias de rede inteligente e soluções de eficiência energética. Esses avanços não apenas ajudam a superar os desafios existentes, como também abrem caminho para uma integração mais eficiente das energias renováveis nas economias globais, promovendo a criação de empregos, o desenvolvimento tecnológico e a sustentabilidade ambiental.

Portanto, enquanto os desafios no setor de energia verde são significativos, as oportunidades que ele apresenta são igualmente importantes, apontando para um futuro em que as energias renováveis podem desempenhar um papel central na transição para uma matriz energética mais sustentável e menos dependente de combustíveis fósseis.

11.4 Impactos ambientais da produção e descarte tecnológico

11.4.1 Problemas ambientais do descarte eletrônico

O avanço tecnológico trouxe consigo um aumento significativo no descarte de dispositivos eletrônicos, gerando preocupações ambientais crescentes. Conforme destacado pelo relatório da Organização das Nações Unidas (ONU, 2019), o lixo eletrônico é atualmente um dos fluxos de resíduos que mais crescem no mundo, representando um desafio ambiental e de saúde pública substancial.

Figura 11.2: Descarte inadequado

Fonte: Gerado via DALL.E, 2024.

Pudemos observar na imagem os problemas ambientais causados pelo descarte inadequado de eletrônicos, destacando a urgência de práticas de reciclagem responsáveis e a redução de resíduos eletrônicos.

O aumento constante na produção de dispositivos eletrônicos, a curta vida útil dos produtos e a falta de processos de reciclagem eficientes contribuem para a acumulação de resíduos eletrônicos, muitos dos quais contêm substâncias tóxicas como chumbo, mercúrio e cádmio.

Neste contexto, a pesquisa de Baldé *et al.* (2017) no "Global E-waste Monitor" da ONU fornece uma análise detalhada sobre a quantidade e os impactos do lixo eletrônico, destacando o rápido crescimento desse tipo de resíduo e a necessidade urgente de abordagens sustentáveis para seu manejo. Os autores apontam que a maior parte do lixo eletrônico não é devidamente recolhida ou tratada, levando a problemas ambientais e riscos à saúde humana, especialmente em países com sistemas de gestão de resíduos menos desenvolvidos.

Além disso, o relatório da ONU (2019) ressalta a importância da economia circular no contexto do lixo eletrônico. A adoção de práticas de economia circular, que enfatizam a reutilização, reparação e reciclagem, pode não apenas reduzir o volume de lixo eletrônico, mas também criar oportunidades econômicas e reduzir a demanda por recursos naturais. Esse modelo contrasta com a abordagem linear tradicional de "produzir, usar e descartar", incentivando um ciclo de vida mais sustentável para os dispositivos eletrônicos.

Portanto, os problemas ambientais associados ao descarte eletrônico exigem uma atenção urgente e a implementação de estratégias inovadoras e sustentáveis para mitigar seus impactos. A conscientização sobre o problema, aliada a políticas eficazes e colaboração internacional, é fundamental para gerir esse desafio global.

11.5 Estratégias para um descarte sustentável

A crescente geração de resíduos eletrônicos coloca em destaque a urgente necessidade de desenvolver e implementar estratégias sustentáveis para o descarte de tecnologia. A iniciativa Global E-waste Monitor, da Organização das Nações Unidas (ONU, 2019), oferece *insights* valiosos sobre a reciclagem e gestão de resíduos eletrônicos, enfatizando a importância de abordagens integradas que envolvam políticas públicas, inovação tecnológica e participação da sociedade.

Segundo o relatório da ONU, uma das principais estratégias para um descarte sustentável é a implementação de sistemas de coleta e reciclagem eficientes. Isso inclui não apenas a infraestrutura para coleta e processamento de lixo eletrônico, mas também políticas que incentivem consumidores e empresas a participar ativamente dos programas de reciclagem. Além disso, a legislação que exige que os fabricantes assumam a responsabilidade pelo ciclo de vida de seus produtos, conhecida como responsabilidade estendida do produtor (REP), é fundamental para garantir que o descarte de produtos eletrônicos seja gerenciado de forma responsável e sustentável.

Outra estratégia importante é o desenvolvimento e a promoção de tecnologias de reciclagem inovadoras. Como apontado por Zeng *et al.* (2018), avanços tecnológicos no processamento de resíduos eletrônicos podem aumentar a eficiência na recuperação de materiais valiosos e reduzir os impactos ambientais associados ao descarte de eletrônicos. A adoção de práticas de *design* sustentável, que facilitam a reciclagem e reduzem o uso de materiais perigosos, também é essencial.

Além disso, a sensibilização e educação da população sobre a importância da reciclagem de eletrônicos é crucial. Iniciativas de conscientização podem aumentar a participação do público e promover comportamentos mais sustentáveis em relação ao uso e descarte de dispositivos eletrônicos.

Portanto, as estratégias para um descarte sustentável de tecnologia devem ser multifacetadas, combinando regulamentações efetivas, inovação tecnológica, responsabilidade corporativa e engajamento da comunidade. Juntos, esses elementos formam a base para um sistema de gestão de resíduos eletrônicos mais sustentável e eficiente.

Conclusão

Ao concluir este capítulo sobre "Sustentabilidade e tecnologia ambiental", fica evidente que a tecnologia desempenha um papel fundamental e multifacetado na busca pela sustentabilidade ambiental. Ao longo deste capítulo, exploramos como as inovações tecnológicas, desde energias renováveis até estratégias de descarte sustentável de eletrônicos, são essenciais para enfrentar os desafios ambientais contemporâneos. A transição para fontes de energia limpa e eficiente, a implementação de soluções de carbono negativo e a adoção de práticas de economia circular são apenas alguns exemplos de como a tecnologia pode ser mobilizada para um futuro mais sustentável.

No entanto, é primordial reconhecer que a tecnologia, por si só, não é uma panaceia. A promoção da sustentabilidade ambiental requer uma abordagem holística que considere os impactos ambientais, sociais e econômicos das inovações tecnológicas. Isso implica uma consciência crítica sobre o ciclo de vida dos produtos, a responsabilidade empresarial e o consumo consciente. Além disso, políticas públicas eficazes, colaboração internacional e envolvimento da comunidade são indispensáveis para garantir que os avanços tecnológicos se alinhem com os objetivos de sustentabilidade.

Este capítulo também evidencia a necessidade de inovações tecnológicas responsáveis. As decisões tomadas hoje no desenvolvimento e implementação de novas tecnologias têm implicações de longo alcance. Portanto, é imperativo que essas decisões sejam guiadas por considerações éticas, com um foco na redução do impacto ambiental e na promoção de um futuro sustentável para as gerações futuras.

Em suma, a interação entre tecnologia e sustentabilidade ambiental é complexa e repleta de desafios, mas também de oportunidades significativas. À medida que avançamos, é essencial que continuemos a explorar e desenvolver tecnologias de maneira responsável, sempre com o objetivo de criar um equilíbrio harmonioso entre progresso tecnológico e preservação ambiental, garantindo assim um legado sustentável para o nosso planeta.

Capítulo 12:

Fake news, desinformação e seus impactos na sociedade

12.1 Introdução

Neste capítulo, exploramos o complexo fenômeno das *fake news* e da desinformação – dois elementos cada vez mais presentes na era digital. Abordaremos como essas formas de informação distorcida emergiram, suas motivações subjacentes e o impacto profundo que têm sobre a sociedade e a política.

12.2 Análise do fenômeno das *fake news*

No contexto da "Análise do fenômeno das *fake news*", é fundamental começar pela base, entendendo sua "Definição e origem". Nesta seção, mergulharemos nas raízes desse fenômeno que, embora não seja novo, adquiriu uma nova dimensão e urgência na era digital. Vamos explorar o que exatamente constitui as *fake news*, diferenciando-as de outros tipos de informações errôneas e analisando o cenário em que elas prosperaram com a ascensão da *internet* e das redes sociais. Esse entendimento é fundamental para desvendar as complexidades da desinformação e suas repercussões na sociedade contemporânea.

12.2.1 Definição e origem

O termo *"fake news"*, ou "notícias falsas", refere-se à disseminação deliberada de informações falsas ou enganosas. Embora o fenômeno das notícias falsas não seja uma inovação da era digital, ele ganhou uma escala e uma velocidade de disseminação sem precedentes com o advento das redes sociais e da *internet*. Lazer *et al.* (2018), em seu estudo publicado na revista "Science", demonstram como a natureza viral das *fake news* é potencializada pelas plataformas de mídia social, facilitando sua disseminação rápida e ampla.

As motivações por trás das *fake news* são diversas. Wardle e Derakhshan (2017), em um relatório do Conselho da Europa, categorizam as *fake news* em dois tipos principais: desinformação, em que a falsidade é intencional, e má informação, em que a falsidade não é intencional. Essas notícias falsas são frequentemente utilizadas para fins de propaganda política ou para gerar receita por meio de cliques, como explicado por Allcott e Gentzkow (2017), que analisam o impacto econômico das *fake news* na publicidade *online*.

Além disso, Vosoughi, Roy e Aral (2018) investigam a difusão de notícias verdadeiras e falsas no Twitter e constatam que as notícias falsas se espalham mais rapidamente, mais longe e mais profundamente do que as verdadeiras. Esse estudo sublinha a necessidade de compreender melhor as dinâmicas sociais e psicológicas que tornam as *fake news* atraentes e "compartilháveis" para os usuários das redes sociais.

Portanto, as *fake news* representam um desafio complexo e multifacetado, cuja compreensão requer uma análise cuidadosa das suas origens, motivações e mecanismos de disseminação.

12.2.2 Mecanismos e disseminação

A disseminação das *fake news* é um processo complexo e multifatorial, no qual plataformas de mídia social e algoritmos de busca contribuem significativamente. Nesta seção, analisaremos como essas plataformas e tecnologias facilitam a propagação de informações falsas, muitas vezes de forma inadvertida, e as razões pelas quais as *fake news* tendem a se espalhar mais rápida e amplamente do que informações verídicas.

Mídia social e algoritmos de busca

Plataformas como Facebook, Twitter e YouTube utilizam algoritmos sofisticados que determinam o que os usuários veem em seus *feeds*. Esses algoritmos muitas vezes priorizam o conteúdo que é mais provável de gerar engajamento, que, como aponta Marwick e Lewis (2017), pode incluir notícias falsas devido à sua natureza sensacionalista e polarizadora. Além disso, os algoritmos de busca, como os do Google, também podem inadvertidamente destacar informações falsas, dependendo de fatores como popularidade de busca e *links* externos.

Estrutura e compartilhamento de informações

As *fake news* são frequentemente estruturadas de maneira a explorar vieses cognitivos e emocionais. Segundo Lazer *et al.* (2018), essas notícias são projetadas para provocar reações emocionais fortes, como medo, raiva ou surpresa, aumentando a probabilidade de compartilhamento nas redes sociais. Esse fenômeno é agravado pela tendência dos usuários de compartilharem conteúdo que reforça suas próprias crenças e visões de mundo, um processo conhecido como *echo chamber* ou câmara de eco.

Consequências da disseminação rápida

A rápida disseminação de *fake news* pode ter consequências graves, desde influenciar a opinião pública até desencadear ações reais, como protestos ou violência. Vosoughi, Roy e Aral (2018) destacam que a velocidade e o alcance da disseminação de notícias falsas superam frequentemente as das notícias verdadeiras, ampliando significativamente o impacto potencial das *fake news* na sociedade.

Conclusão

A compreensão dos mecanismos e do processo de disseminação das *fake news* é essencial para identificar estratégias eficazes de combate a esse fenômeno. Reconhecendo os papéis das plataformas de mídia social e dos algoritmos de busca, bem como os padrões de comportamento dos usuários, podemos começar a mitigar o impacto negativo das notícias falsas na sociedade.

12.3 Como a desinformação afeta a sociedade e a política

Neste segmento do capítulo, abordamos como a desinformação permeia e impacta tanto a esfera social quanto a política. A seguir, em "12.3.1 Impactos na sociedade", investigaremos as consequências específicas que a desinformação acarreta para a sociedade. Vamos explorar como as informações falsas ou manipuladas não só distorcem a percepção pública e enfraquecem a confiança nas instituições, como também podem conduzir a consequências mais graves, como conflitos sociais e violência. Esse exame detalhado revelará a extensão do impacto da desinformação e sublinhará a importância de abordagens eficazes para combatê-la.

Figura 12.1: A desinformação

Fonte: Gerado via DALL.E, 2024.

A imagem acima representa alegoricamente o impacto e a disseminação da desinformação gerada por notícias falsas, destacando o desafio de discernir a realidade em uma era digital saturada de informações incorretas.

12.3.1 Impactos na sociedade

A desinformação na era digital tem se mostrado capaz de afetar profundamente a sociedade, com repercussões que vão muito além da mera confusão informativa. Seus efeitos podem ser sentidos em diversas esferas, prejudicando a confiança nas instituições, influenciando o comportamento social e, em casos extremos, incitando a violência.

Erosão da confiança nas instituições

A propagação de desinformação pode corroer significativamente a confiança do público nas instituições. O Edelman Trust Barometer revela uma crescente desconfiança do público nas mídias sociais e uma preocupação generalizada com a proliferação de *fake news*, o que, por sua vez, afeta a credibilidade de instituições governamentais e de mídia (Edelman, 2020).

Influência no comportamento social

Além disso, a desinformação tem o poder de influenciar o comportamento social. Em um estudo conduzido por Pennycook e Rand (2020), observou-se que a exposição a *fake news* pode alterar percepções e atitudes, levando a um aumento do partidarismo e à polarização social.

Incitação à violência

Em casos extremos, a desinformação pode até incitar a violência. O caso dos ataques em Myanmar, como reportado pelo Human Rights Watch (2019), é um exemplo trágico de como *fake news* e discursos de ódio disseminados nas redes sociais podem levar a violência em massa e a conflitos étnicos.

Conclusão

Os impactos da desinformação na sociedade são amplos e multifacetados, ressaltando a necessidade de abordagens eficazes para mitigar seus efeitos negativos. É crucial que as sociedades desenvolvam mecanismos de resiliência informativa e promovam a educação midiática para combater os efeitos prejudiciais da desinformação.

12.3.2 Influência na política

O impacto das *fake news* na política é uma das facetas mais preocupantes da desinformação. Essas notícias falsas podem distorcer significativamente o processo democrático, influenciando indevidamente as opiniões e comportamentos dos eleitores.

Distorção do processo democrático

A disseminação de fake news no âmbito político tem o potencial de comprometer a integridade das eleições e a confiança na democracia. Allcott e Gentzkow (2017) realizaram um estudo abrangente sobre o impacto das *fake news* nas eleições presidenciais dos EUA em 2016, revelando que a exposição a notícias falsas provavelmente influenciou a percepção dos eleitores sobre os candidatos e as questões políticas.

Influência nas políticas públicas

Além das eleições, a desinformação também pode afetar a formulação de políticas públicas. Um exemplo é o debate sobre as mudanças climáticas, em que, como Lazer *et al.* (2018) observam, a disseminação de informações errôneas tem contribuído para a polarização da opinião pública, impactando as políticas ambientais.

Percepção pública de líderes e questões

As *fake news* também podem moldar a percepção pública de líderes e questões políticas. Garrett (2019) discute como as narrativas falsas ou enganosas em plataformas de mídia social podem rapidamente alterar a imagem pública de políticos e partidos, às vezes com efeitos duradouros na opinião pública.

Conclusão

A influência das *fake news* na política é um fenômeno complexo e de vasto alcance, que exige atenção constante. A integridade das democracias modernas e a eficácia das políticas públicas dependem da nossa capacidade de combater efetivamente a desinformação e garantir um debate público informado e fidedigno.

12.4 Estratégias para combater a desinformação

Desde a implementação de leis específicas até o desenvolvimento de políticas públicas focadas na educação midiática, analisaremos como essas iniciativas estão moldando a luta contra a disseminação de informações falsas e qual é o seu impacto no panorama global da desinformação.

12.4.1 Iniciativas governamentais e regulação

No combate à desinformação, uma das abordagens mais críticas é a adoção de iniciativas governamentais e regulatórias. Governos e organismos reguladores ao redor do mundo têm implementado uma variedade de estratégias para lidar com a disseminação de notícias falsas, reconhecendo a necessidade de proteger a integridade da informação no espaço público.

Legislação contra notícias falsas

Alguns países têm introduzido legislação específica para combater as *fake news*. Por exemplo, a Alemanha aprovou a NetzDG, uma lei que exige que as plataformas de mídia social removam rapidamente conteúdo de ódio e desinformação, sob pena de multas pesadas. Essa abordagem legislativa é um esforço para responsabilizar as plataformas pelo conteúdo que hospedam.

Políticas públicas e educação midiática

Além da legislação, políticas públicas focadas na educação midiática também são fundamentais. Programas de educação que ensinam habilidades críticas de avaliação de informações podem ajudar os cidadãos a identificar e questionar conteúdos duvidosos. Por exemplo, países nórdicos, como a Finlândia, têm implementado programas educacionais desde cedo nas escolas para aumentar a consciência sobre a mídia e as *fake news*.

Colaboração internacional

Reconhecendo que a desinformação é um problema global, algumas iniciativas buscam uma abordagem colaborativa internacional. Organizações como a União Europeia estabeleceram grupos de trabalho para abordar a desinformação, promovendo a cooperação entre Estados-membros na troca de melhores práticas e estratégias de combate.

Transparência e prestação de contas

Outro aspecto importante é a promoção da transparência e da prestação de contas, tanto nas esferas governamentais quanto nas plataformas de mídia social. Isso inclui a exigência de maior clareza sobre a origem das informações e a identificação de conteúdo patrocinado ou político.

Conclusão

As estratégias governamentais e de regulação desempenham um papel vital no combate à desinformação. Enquanto a legislação busca criar um ambiente menos propício à disseminação de *fake news*, as políticas públicas voltadas para a educação e a colaboração internacional visam aumentar a resiliência da sociedade contra essas ameaças. A eficácia dessas abordagens, contudo, depende de um equilíbrio cuidadoso entre a liberdade de expressão e a necessidade de informação precisa e confiável.

12.4.2 Papel das plataformas de mídia social e educação midiática

A luta contra a desinformação envolve atores cruciais além dos governos: as plataformas de mídia social e a educação midiática. Ambas desempenham papéis fundamentais na identificação e mitigação da disseminação de *fake news*.

O papel das plataformas de mídia social

Plataformas de mídia social, como Facebook, Twitter e YouTube, tornaram-se espaços primários para a disseminação de *fake news*. Consequentemente, essas plataformas estão sob crescente pressão para tomar medidas proativas. Segundo Gillespie (2018), é fundamental que essas empresas desenvolvam e implementem políticas e algoritmos eficazes para identificar e limitar a propagação de conteúdo falso. Isso inclui a promoção de maior transparência e a aplicação de verificações de fatos por terceiros.

Importância da educação midiática

Paralelamente às iniciativas das plataformas, a educação midiática surge como uma ferramenta poderosa. Hobbs (2018) ressalta a necessidade de programas educacionais que ensinem as pessoas a analisar criticamente o conteúdo da mídia, diferenciando informações confiáveis de conteúdos duvidosos. A educação midiática não apenas fortalece a resiliência individual contra a desinformação, como também promove uma sociedade mais informada e engajada.

Estratégias combinadas

Uma abordagem combinada, envolvendo tanto as plataformas de mídia social quanto a educação midiática, é essencial para enfrentar eficazmente o problema das *fake news*. A colaboração entre empresas de tecnologia, educadores e reguladores pode criar um ambiente mais resistente à desinformação, como sugerido por Wardle e Derakhshan (2017) em seu relatório para o Conselho da Europa.

Conclusão

A responsabilidade de combater as *fake news* não recai apenas sobre os indivíduos ou o governo, mas é também uma questão de governança corporativa e responsabilidade social das plataformas de mídia social. A educação midiática, por sua vez, é um complemento essencial, capacitando os indivíduos a navegarem de maneira crítica no cenário informacional atual.

12.4.3 Desenvolvimentos tecnológicos e ferramentas de verificação de fatos

A batalha contra a desinformação é dinâmica e exige a utilização de tecnologias avançadas, incluindo a inteligência artificial (IA) e o suporte de organizações dedicadas à verificação de fatos.

Inteligência artificial na detecção de *fake news*

Os avanços em IA estão desempenhando uma função importante na identificação e filtragem de desinformação. Ferramentas baseadas em IA podem analisar grandes volumes de dados para detectar padrões típicos de *fake news*, como distorções de fato, linguagem sensacionalista e fontes não confiáveis.

Figura 12.2: Imagem representando a IA no combate às *fake news*

Fonte: Gerado via DALL.E, 2024.

Conforme Shu *et al.* (2017) demonstram em sua pesquisa, sistemas de IA podem ser treinados para reconhecer e classificar notícias com alta precisão, usando técnicas como aprendizado de máquina e processamento de linguagem natural.

Ferramentas de verificação de fatos

Paralelamente às tecnologias de IA, organizações de verificação de fatos desempenham um papel indispensável. Essas entidades, como o FactCheck.org e o Snopes, especializam-se em investigar e desmentir informações falsas disseminadas *online*. Segundo Graves (2018), a verificação de fatos é vital para manter o padrão informativo, especialmente em tempos de crise política e social, em que a desinformação pode ter consequências graves.

Colaborações e parcerias

Uma tendência emergente é a colaboração entre plataformas de mídia social, desenvolvedores de tecnologia e organizações de verificação de fatos. Tais parcerias buscam criar um ecossistema no qual a tecnologia e a *expertise* humana trabalham juntas para combater a desinformação. Um exemplo disso é a iniciativa do Facebook de colaborar com verificadores de fatos independentes para identificar e rotular notícias falsas em sua plataforma.

A luta contra a desinformação requer uma combinação de avanços tecnológicos e esforços humanos dedicados. Enquanto as ferramentas baseadas em IA oferecem uma maneira eficiente de escalar a identificação de *fake news*, as organizações de verificação de fatos fornecem a análise crítica necessária para avaliar a veracidade das informações. Juntos, esses elementos formam uma frente robusta na guerra contra a desinformação.

Conclusão

Este capítulo destaca a importância crítica de abordar as *fake news* e a desinformação, dada a sua capacidade de afetar profundamente a sociedade e a política. Enfatizamos a necessidade de uma abordagem multifacetada que inclua regulamentação, educação, tecnologia e colaboração internacional para combater eficazmente esse fenômeno desafiador.

Capítulo 13:

Futuro da tecnologia e desafios sociais

13.1 Introdução

Este capítulo explora o futuro da tecnologia e os desafios sociais que ela apresenta. Discutiremos previsões e tendências emergentes, desafios éticos e sociais que essas tecnologias podem trazer, e como a tecnologia pode ser utilizada para construir um futuro sustentável.

13.2 Previsões e tendências emergentes

À medida que nos aproximamos de uma nova era definida pela inovação e pelo avanço tecnológico, é crucial compreender as tendências emergentes que moldarão nosso futuro. Estamos à beira de uma transformação significativa, impulsionada por avanços em múltiplas áreas da tecnologia. Essas mudanças não só prometem melhorar a eficiência e a qualidade de vida, mas também apresentam novos desafios e oportunidades. A capacidade de antecipar e adaptar-se a essas tendências emergentes será essencial para indivíduos, empresas e governos. Conforme exploramos esses avanços, é importante manter uma perspectiva equilibrada, reconhecendo tanto o potencial extraordinário quanto os desafios éticos e práticos que essas inovações podem trazer.

13.2.1 Avanços tecnológicos

Nos próximos anos, espera-se que testemunhemos avanços tecnológicos extraordinários que reformularão muitos aspectos da sociedade. Com base nas projeções de especialistas como Khanna (2021), podemos antecipar desenvolvimentos significativos em várias áreas-chave.

Inteligência artificial (IA): a IA está se tornando cada vez mais sofisticada, com avanços em aprendizado de máquina, processamento de linguagem natural e visão computacional. Prevê-se uma integração mais profunda da IA em setores como saúde, finanças, educação e transporte, não apenas otimizando processos existentes, mas também criando novos paradigmas de interação e serviço.

Robótica: a robótica continuará a evoluir, tornando-se mais autônoma e adaptável. Espere ver robôs mais integrados a ambientes como manufatura, logística e até assistência domiciliar. A robótica colaborativa, na qual os robôs trabalham lado a lado com humanos, será uma área de crescimento significativo, especialmente em ambientes de trabalho.

Tecnologia quântica: a computação quântica, com sua capacidade de realizar cálculos em uma escala inimaginável com a tecnologia atual, está à beira de uma revolução. Isso não afetará apenas a criptografia e a segurança cibernética, mas também tem implicações potenciais para a pesquisa em áreas como ciência de materiais, farmacêutica e clima. A corrida para alcançar a supremacia quântica poderá redefinir a paisagem tecnológica global.

Biotecnologia e medicina personalizada: avanços na biotecnologia estão abrindo caminho para tratamentos médicos mais personalizados e eficazes. Terapias genéticas e personalização de tratamentos com base no genoma individual serão mais comuns, oferecendo novas esperanças para doenças crônicas e condições até então intratáveis.

Energia e sustentabilidade: com o aumento da preocupação com as mudanças climáticas, as tecnologias voltadas para a sustentabilidade receberão mais atenção e investimento. Isso inclui energia renovável, tecnologias de captura de carbono e inovações em eficiência energética. A transição para uma economia de baixo carbono será acelerada por esses avanços tecnológicos.

Conectividade e *internet* das coisas (IoT): a expansão da IoT e o aumento da conectividade global, impulsionados por redes 5G e além, permitirão que mais dispositivos e sistemas interajam de maneira inteligente. Isso facilitará cidades mais inteligentes, casas automatizadas e uma nova onda de serviços digitais personalizados.

Realidade virtual e aumentada (RV/RA): espera-se que RV e RA se tornem mais imersivas e integradas a nossas vidas cotidianas, não apenas para entretenimento, mas também para educação, treinamento e colaboração remota.

Esses avanços tecnológicos, embora promissores, também trazem consigo desafios significativos, especialmente no que diz respeito à ética, à privacidade e à segurança. A sociedade terá que navegar nesses desafios, equilibrando o potencial de inovação com a responsabilidade de proteger os valores humanos fundamentais.

13.2.2 Impacto na sociedade e economia

A emergência de tecnologias avançadas e inovadoras está moldando um novo paradigma na sociedade e na economia, levantando questões cruciais sobre o futuro do trabalho, educação, e a estrutura social em si. Um dos principais pensadores nesse campo é Klaus Schwab, fundador e presidente executivo do Fórum Econômico Mundial, que, em seu influente livro "The Fourth Industrial Revolution" (2016), explora profundamente essas mudanças.

Schwab (2016) argumenta que estamos no limiar de uma revolução que é fundamentalmente diferente em escala, escopo e complexidade de tudo o que tenha ocorrido antes. Ele destaca que a quarta Revolução Industrial não apenas alterará os empregos disponíveis, mas também exigirá novas habilidades e abordagens para a educação e o treinamento, impactando como trabalhamos e como vivemos.

Além disso, Schwab (2016) ressalta que as inovações tecnológicas, especialmente em campos como inteligência artificial e robótica, podem levar à automação de empregos, forçando a sociedade a repensar a natureza do trabalho e a distribuição de renda. Isso pode exigir a adoção de novos modelos econômicos e sociais, como a renda básica universal, para lidar com o potencial aumento do desemprego e da desigualdade.

Outro aspecto importante discutido por Schwab (2016) é o impacto dessas tecnologias na educação. A necessidade de habilidades constantemente atualizadas para se manter relevante na força de trabalho do futuro ressalta a importância de sistemas educacionais flexíveis e adaptáveis. Isso implica uma mudança do modelo educacional tradicional para abordagens mais dinâmicas e personalizadas, integrando aprendizado *online* e experiencial.

A visão de Schwab é complementada por outros estudiosos. Por exemplo, Brynjolfsson e McAfee (2014), no livro "The Second Machine Age", argumentam que, enquanto a tecnologia impulsiona o crescimento econômico, sua distribuição desigual de benefícios pode levar a desafios significativos em termos de desigualdade e desemprego.

13.3 Desafios sociais e éticos futuros

À medida que adentramos em uma era de inovações tecnológicas sem precedentes, enfrentamos uma série de desafios sociais e éticos que demandam nossa atenção imediata. Esses desafios, emergindo das profundas transformações trazidas pela tecnologia em nossa sociedade, abrangem desde questões de privacidade e segurança até considerações sobre justiça e equidade. O impacto da tecnologia na dinâmica social e na estrutura ética existente não pode ser subestimado. Conforme essas inovações se tornam mais integradas em nossas vidas, é imperativo que consideremos cuidadosamente como elas moldam as interações humanas, a governança e os direitos individuais. O equilíbrio entre aproveitar os benefícios da tecnologia e mitigar seus riscos potenciais exigirá um esforço colaborativo e multidisciplinar, envolvendo legisladores, acadêmicos, indústria e a sociedade em geral.

13.3.1 Questões éticas da IA

À medida que avançamos para um futuro cada vez mais dominado pela inteligência artificial (IA), um dos desafios mais significativos que enfrentamos é o da ética em sua aplicação e desenvolvimento. A preocupação não é apenas sobre o que a IA pode fazer, mas também sobre o que ela deve ou não ser autorizada a fazer, e sob quais condições.

Nesse contexto, a obra de Nick Bostrom, "Superintelligence: Paths, Dangers, Strategies" (2014), representa uma referência fundamental. Bostrom aborda as implicações éticas e os riscos potenciais associados ao advento de uma IA superinteligente. Ele argumenta que, embora o potencial de benefício seja imenso, os riscos associados são igualmente significativos. A IA superinteligente pode ultrapassar a capacidade humana de controle ou compreensão, levantando questões críticas sobre segurança, autonomia e os valores éticos que devem guiar seu desenvolvimento.

Além das preocupações de Bostrom, outros aspectos éticos da IA incluem questões de viés e justiça. Com a ferramenta sendo treinada em grandes conjuntos de dados, existe o risco de perpetuar e até amplificar preconceitos existentes na sociedade. Isso coloca em questão a imparcialidade das decisões tomadas por sistemas de IA, especialmente em áreas críticas como recrutamento de emprego, concessão de crédito e aplicação da lei.

A privacidade é outra preocupação ética importante. A capacidade da IA de processar e analisar grandes quantidades de dados pessoais levanta questões sobre o direito à privacidade e a segurança dos dados. Isso exige um equilíbrio cuidadoso entre os benefícios da tecnologia e o direito dos indivíduos de controlar suas informações pessoais.

Por fim, a questão da responsabilidade também surge com a IA. Em situações nas quais a IA toma decisões que resultam em danos ou prejuízos, é desafiador determinar quem é responsável – os desenvolvedores, os usuários finais ou a própria máquina. A atribuição de responsabilidade em sistemas autônomos é um campo complexo que necessita de uma estrutura legal e ética robusta.

Portanto, à medida que avançamos na era da IA, é imperativo que os desenvolvimentos tecnológicos sejam acompanhados de uma discussão ética aprofundada e de uma regulação cuidadosa para garantir que os benefícios da IA sejam maximizados enquanto os riscos são minimizados.

13.3.2 Desigualdade e acesso à tecnologia

A rápida expansão e a adoção de novas tecnologias têm o potencial de transformar aspectos fundamentais da sociedade e da economia. No entanto, esse progresso tecnológico também apresenta o risco significativo de exacerbar as desigualdades sociais e econômicas, especialmente quando o acesso à tecnologia é desigual entre diferentes grupos sociais e geográficos.

Atkinson e Wu (2017), em sua pesquisa, destacam esse aspecto vital. Eles analisam como a disparidade no acesso à tecnologia, incluindo a *internet* de alta velocidade, dispositivos móveis avançados e habilidades digitais, pode ampliar as diferenças socioeconômicas existentes. De acordo com os autores, a falta de acesso ou a capacidade limitada de utilizar plenamente as tecnologias emergentes pode resultar em uma divisão na qual indivíduos e comunidades são deixados para trás no que se refere a oportunidades econômicas, educação e participação social.

Essa análise é sustentada pela observação de que, enquanto alguns indivíduos e comunidades se beneficiam enormemente das oportunidades criadas pela era digital, outros enfrentam o risco de marginalização. Por exemplo, áreas rurais e comunidades de baixa renda frequentemente têm acesso limitado a conexões de *internet* de alta velocidade e a tecnologias educacionais avançadas, impactando a educação e as oportunidades de emprego.

Além disso, Atkinson e Wu (2017) argumentam que a adoção de políticas inclusivas é essencial para mitigar essas desigualdades. Isso pode incluir investimentos em infraestrutura digital em áreas desatendidas, programas de treinamento e educação para desenvolver habilidades digitais e políticas que garantam acesso acessível à tecnologia. Essas ações podem ajudar a garantir que os benefícios do progresso tecnológico sejam compartilhados mais amplamente, em vez de contribuir para uma maior polarização socioeconômica.

13.4 O papel da tecnologia na construção de um futuro sustentável

Conforme avançamos em direção a um futuro cada vez mais tecnológico, torna-se essencial reconhecer e integrar o papel da tecnologia na promoção da sustentabilidade. Esse papel é multifacetado, estendendo-se além da mera adoção de práticas verdes para incluir a reformulação de nossos sistemas de produção, consumo e energia para serem mais sustentáveis e respeitosos com o meio ambiente. A tecnologia tem o potencial não apenas de mitigar os efeitos adversos das atividades humanas no planeta, mas também de criar novas oportunidades para um desenvolvimento sustentável. Isso implica uma mudança de paradigma em direção a um futuro no qual a tecnologia e o meio ambiente coexistam em harmonia, impulsionando inovações que beneficiem tanto a humanidade quanto a Terra. Esse caminho em direção à sustentabilidade tecnológica envolve complexidades e desafios, mas também oferece oportunidades imensas para reinventar a maneira como vivemos e trabalhamos, garantindo um futuro mais promissor e sustentável.

13.4.1 Tecnologias sustentáveis

A busca por um futuro sustentável é um dos desafios mais críticos da nossa época, e a tecnologia desempenha um papel fundamental nessa jornada. Paul Hawken, em seu livro seminal "Drawdown: the Most Comprehensive Plan Ever Proposed to Reverse Global Warming" (2017), fornece *insights* valiosos sobre como as inovações tecnológicas, especialmente em energias renováveis e práticas sustentáveis, podem ser cruciais no combate às mudanças climáticas.

Hawken (2017) apresenta uma análise detalhada e otimista de como podemos reverter o aquecimento global por meio de soluções tecnológicas existentes e emergentes. Ele explora uma variedade de tecnologias e práticas, desde a energia solar e eólica até a agricultura regenerativa e construção verde, destacando como cada uma pode contribuir para reduzir as emissões de carbono e promover a sustentabilidade ambiental. Hawken argumenta que não apenas essas tecnologias são viáveis, mas também são economicamente rentáveis, desafiando a percepção de que as ações contra as mudanças climáticas são inerentemente custosas ou inibidoras do crescimento econômico.

Além das energias renováveis, o livro de Hawken também se aprofunda em outras inovações sustentáveis, como veículos elétricos, captura de carbono e eficiência energética. Ele ressalta que a adoção em massa dessas tecnologias pode levar a um futuro mais verde e mais saudável, não apenas mitigando os efeitos das mudanças climáticas, como também proporcionando benefícios econômicos e de saúde pública.

A perspectiva de Hawken é complementada por outros trabalhos no campo da sustentabilidade. Por exemplo, Lovins e Cohen, no livro "Climate: a New Story" (2018), argumentam a favor de uma abordagem holística para a sustentabilidade, que integra tecnologia, política e mudanças sociais para enfrentar efetivamente as questões climáticas.

Esses estudos destacam a importância de uma transição para tecnologias e práticas mais sustentáveis, não apenas para proteger o meio ambiente, mas também para garantir a viabilidade econômica e a qualidade de vida no futuro.

13.4.2 Promovendo a sustentabilidade por meio da inovação

A transição para a sustentabilidade, impulsionada por inovações tecnológicas, está remodelando não apenas o meio ambiente, mas também a economia e o cenário corporativo. A adoção de tecnologias sustentáveis está levando a novos modelos de negócios e estratégias corporativas que priorizam a responsabilidade ambiental e social junto ao lucro financeiro.

John Elkington, um pioneiro no campo da sustentabilidade corporativa, aborda essas questões em seu livro "Green Swans: the Coming Boom in Regenerative Capitalism" (2020). Nesse trabalho, Elkington explora como as empresas podem utilizar a tecnologia para promover práticas sustentáveis. Ele argumenta que, em vez de se concentrarem exclusivamente no lucro em curto prazo, as empresas devem adotar uma visão mais holística, considerando os impactos ambientais e sociais de suas operações e produtos. Elkington chama essas empresas transformadoras de *green swans*, referindo-se a elas como catalisadoras de mudanças positivas e sustentáveis na economia.

O autor também discute como a inovação tecnológica pode ser utilizada para criar produtos e serviços que não apenas reduzam o impacto negativo no meio ambiente, mas também promovam a regeneração e a restauração ecológica. Isso inclui, por exemplo, o desenvolvimento de tecnologias de energia limpa, materiais sustentáveis e processos de produção que minimizam o desperdício e a poluição (Elkington, 2020).

Além disso, Elkington (2020) salienta a importância da *triple bottom line* (TBL) – considerando o lucro, as pessoas e o planeta. Ele argumenta que o sucesso empresarial no futuro dependerá cada vez mais de uma abordagem equilibrada que integre considerações financeiras, sociais e ambientais.

O trabalho de Elkington é apoiado por pesquisas adicionais no campo da sustentabilidade corporativa, como as de Laszlo e Zhexembayeva, no livro "Embedded Sustainability: the Next Big Competitive Advantage" (2011), que explora como a incorporação de práticas sustentáveis pode oferecer vantagens competitivas às empresas.

Essas perspectivas ressaltam a importância de promover a sustentabilidade por meio da inovação, incentivando uma mudança de paradigma no mundo corporativo, em que as práticas sustentáveis se tornam uma parte integral e vantajosa das estratégias empresariais.

Conclusão

Ao contemplarmos o futuro da tecnologia, nos deparamos com um horizonte repleto de oportunidades extraordinárias e desafios complexos. A trajetória tecnológica que estamos seguindo promete transformações profundas em todos os aspectos da vida humana, desde o modo como trabalhamos até como interagimos com o mundo ao nosso redor. No entanto, essa jornada não está isenta de obstáculos significativos, especialmente no que tange às questões éticas e sociais.

A emergência de tecnologias avançadas, como a inteligência artificial, a robótica e a biotecnologia, apresenta dilemas éticos que exigem uma reflexão cuidadosa. Como sociedade, precisamos garantir que o desenvolvimento e a implementação dessas tecnologias sejam feitos de forma responsável. Isso inclui a consideração de impactos potenciais na privacidade, segurança, equidade e direitos humanos. Além disso, é imperativo que consideremos os efeitos da tecnologia no meio ambiente e na sustentabilidade do nosso planeta.

O aspecto da inclusão também é fundamental. O progresso tecnológico deve ser acessível e benéfico para todos, independentemente de sua localização geográfica, *status* socioeconômico ou *background* cultural. Isso requer uma abordagem consciente para evitar a ampliação das disparidades existentes e para promover uma sociedade mais igualitária e justa.

Além disso, é preciso que as instituições educacionais, empresas e governos trabalhem juntos para preparar as gerações presentes e futuras para o mundo emergente. Isso envolve não apenas a capacitação em novas habilidades tecnológicas, mas também o fomento de um pensamento crítico e ético, essencial para navegar nos complexos dilemas morais que as tecnologias avançadas trazem consigo.

Em resumo, enquanto avançamos rumo a um futuro tecnológico, devemos fazê-lo com uma visão equilibrada, que valorize tanto os avanços tecnológicos quanto os valores éticos e humanos. Somente assim poderemos garantir que a tecnologia sirva como uma força positiva, capaz de melhorar a qualidade de vida, promover a sustentabilidade e enriquecer a experiência humana em um mundo cada vez mais interconectado e dependente da tecnologia.

Capítulo 14:

Equilibrando ciência, tecnologia e valores humanos

Na conclusão deste livro, refletimos sobre a complexa interação entre ciência, tecnologia e sociedade, e a importância de manter um equilíbrio entre inovação tecnológica e valores humanos. A evolução tecnológica e científica tem sido um motor poderoso de mudança e progresso, mas também levanta questões críticas sobre responsabilidade social e ética.

14.1 Reflexões finais

As reflexões finais sobre esse tema ecoam as palavras de Yuval Noah Harari, em "Homo Deus: a Brief History of Tomorrow" (2015), em que ele explora as possíveis trajetórias futuras da humanidade face ao avanço tecnológico. Harari argumenta que, enquanto a tecnologia oferece soluções sem precedentes para muitos dos nossos desafios, ela também apresenta novas questões éticas e morais que devem ser abordadas com cuidado e reflexão profunda.

14.2 Equilibrando inovação tecnológica e científica com responsabilidade social

O equilíbrio entre inovação e responsabilidade social é enfatizado no trabalho de Melinda Gates em "The Moment of Lift: How Empowering Women Changes the World" (2019). Gates discute como a tecnologia pode ser usada para promover a equidade social e melhorar a vida das pessoas, especialmente das mulheres, em todo o mundo. Ela destaca a necessidade de uma abordagem centrada no ser humano para a inovação, em que o progresso tecnológico deve ser alinhado com os valores éticos e o bem-estar social.

14.3 Perspectivas para o futuro

Olhando para o futuro, é essencial reconhecer a importância de uma governança eficaz e de políticas públicas bem pensadas para orientar o desenvolvimento tecnológico. Em "The Fourth Industrial Revolution" (2016), Klaus Schwab analisa como os governos e as organizações internacionais podem desempenhar um papel crucial na formação de um futuro no qual a tecnologia beneficie a humanidade de maneira equitativa e sustentável.

A convergência de ciência, tecnologia e valores humanos deve ser guiada por um compromisso contínuo com a ética, a inclusão, a sustentabilidade e o bem-estar coletivo. Ao avançarmos para um futuro incerto, mas repleto de possibilidades, o diálogo entre cientistas, tecnólogos, legisladores e o público em geral será mais importante do que nunca para garantir que a jornada tecnológica da humanidade continue a ser uma fonte de esperança e de progresso para todos.

Referências

ABBATE, J. *Inventing the Internet*. Cambridge, MA: MIT Press, 1999.

ACQUISTI, A.; BRANDIMARTE, L.; LOEWENSTEIN, G. *Privacy and Human Behavior in the Age of Information*. Science, v. 347, n. 6221, p. 509-514. 30 jan. 2015. DOI: 10.1126/science.aaa1465.

ALLCOTT, H.; GENTZKOW, M. *Social Media and Fake News in the 2016 Election*. Journal of Economic Perspectives, v. 31, n. 2, p. 211-236, 2017. DOI: 10.1257/jep.31.2.211.

ANDERSON, J.; LEE, Rainie. Themes: *The most harmful or menacing changes in digital life that are likely by 2035*. Pew Research Center. 2023. Disponível em: <https://www.pewresearch.org/internet/2023/06/21/themes-the-most-harmful-or-menacing-changes-in-digital-life-that-are-likely-by-2035/>. Acesso em: 8 out. 2024.

APPADURAI, A. *Modernity at Large*: Cultural Dimensions of Globalization. University of Minnesota Press, 1996.

ATKINSON, R.D.; WU, J. *False Alarmism*: Technological Disruption and the U.S. Labor Market, 1850–2015. Information Technology & Innovation Foundation, 2017.

AUSLOOS, J. *The Right to be Forgotten – Worth Remembering?*. Computer Law & Security Review, v. 28, n. 2, p. 143-152, 2012.

AUTOR, D. H. *Why Are There Still so Many Jobs?* The History and Future of Workplace Automation. Journal of Economic Perspectives, v. 29, n. 3, p. 3–30, ago. 2015.

BALDÉ, C.P.; FORTI, V.; GRAY, V.; KUEHR, R.; STEGMANN, P. *The Global E-waste Monitor 2017*: Quantities, Flows, and Resources. United Nations University (UNU), International Telecommunication Union (ITU) & International Solid Waste Association (ISWA), 2017.

BALL, K.; WEBSTER, F. *The New Age of Surveillance*. Londres: Routledge, 2003.

BAMFORD, J. *The Shadow Factory*: The NSA from 9/11 to the Eavesdropping on America. Nova York: Doubleday, 2008.

BATES, Tony. *Teaching in a Digital Age*. Vancouver, BC: Tony Bates Associates Ltd., 2015.

BAUMAN, Z. *Modernidade Líquida*. Rio de Janeiro: Jorge Zahar Ed, 2003.

BAUMAN, Z.; LYON, D. *Liquid Surveillance*: A Conversation. Cambridge: Polity, 2013.

BAUMAN, Z.; LYON, D. *Liquid Surveillance*: A Conversation. Cambridge: Polity, 2014.

BAZIN, A. *What Is Cinema?* University of California Press, 1967.

BAZIN, Hervé. *The Eradication of Smallpox*: Edward Jenner and the First and Only Eradication of a Human Infectious Disease. San Diego: Academic Press, 2000.

BELLWOOD, Peter. *First Farmers*: The Origins of Agricultural Societies. Oxford: Blackwell Publishing, 2005.

BENNETT, C. J.; RAAB, C. D. *The Governance of Privacy*: Policy Instruments in Global Perspective. Cambridge, MA: MIT Press, 2006.

BERNARD, T. S.; HSU, T.; PERLROTH, N.; LIEBER, R. *Equifax Says Cyberattack May Have Affected 143 Million in the U.S.* The New York Times. 2017. Disponível em: <https://www.nytimes.com/2017/09/07/business/equifax-cyberattack.html>. Acesso em: 8 out. 2024.

BETTS, R. K. *The Soft Underbelly of American Primacy*: Tactical Advantages of Terror. Political Science Quarterly, v. 117, n. 1, p. 23-36, 2002.

BIJKER, Wiebe E.; LAW, John. *Shaping Technology / Building Society*: Studies in Sociotechnical Change. Cambridge, MA: MIT Press, 1992.

BIJKER, Wiebe; HUGHES, Thomas P.; PINCH, Trevor. *A Construção Social da Tecnologia*. Cambridge, MA: MIT Press, 1987.

BOCQUET-APPEL, Jean-Pierre. *When the World's Population Took Off*: The Springboard of the Neolithic Demographic Transition. Science, 2011.

BOK, S. *Secrets: On the Ethics of Concealment and Revelation*. Nova Iorque: Vintage Books, 1982.

BOOT-HANDFORD, M.E. *et al*. Carbon capture and storage update. Energy & Environmental Science, v. 7, n. 1, p. 130-189, 2014.

BOSTROM, N. *Superintelligence: Paths, Dangers, Strategies*. Oxford University Press, 2014.

BOYD, D. M.; ELLISON, N. B. *Social Network Sites: Definition, History, and Scholarship*. Journal of Computer-Mediated Communication, v. 13, n. 1, 2007.

BRONOWSKI, Jacob. *A Ascensão do Homem*. Rio de Janeiro: Editora Zahar, 1978.

BRYNJOLFSSON, E.; MCAFEE, A. *The Second Machine Age: Work, Progress, and Prosperity in a Time of Brilliant Technologies*. W. W. Norton & Company, 2014.

CADWALLADR, C.; GRAHAM-HARRISON, E. *Revealed: 50 million Facebook profiles harvested for Cambridge Analytica in major data breach*. The Observer, 2018. Disponível em: https://www.theguardian.com/news/2018/mar/17/cambridge-analytica-facebook-influence-us-election. Acesso em: 08 out. 2024..

CASTELLS, Manuel. *A Sociedade em Rede*. São Paulo: Paz e Terra, 2001.

CASTELLS, Manuel. *Redes de Indignação e Esperança*. Rio de Janeiro: Zahar, 2012.

CASTELLS, Manuel. *Communication Power*. Oxford University Press, 2007.

CASTELLS, Manuel. *A Sociedade em Rede*. Oxford: Blackwell Publishers, 2001.

CASTELLS, Manuel. *The Rise of the Network Society*. Oxford: Blackwell, 1996.

CENTER FOR INTERNET SECURITY (CIS). *Our Experts Top Cybersecurity Predictions for 2023*. Disponível em: https://www.cisecurity.org/insights/blog/our-experts-top-cybersecurity-predictions-for-2023. Acesso em: 08 out 2024.

CEREZO, A. *CCTV and crime displacement: A quasi-experimental evaluation*. European Journal of Criminology, v. 10, n. 2, p. 222-236, mar. 2013. Disponível em: https://doi.org/10.1177/1477370812468379. Acesso em: 11 out. 2024.

CERUZZI, Paul E. *A History of Modern Computing*. Cambridge, MA: MIT Press, 2003.

CHILDE, V. Gordon. *Man Makes Himself*. Londres: Watts & Co., 1952.

CLARKE, R. *Information Technology and Dataveillance*. Communications of the ACM, 1988.

CLARKE, R. V.; NEWMAN, G. R. *Outsmarting the Terrorists*. Westport, CT: Praeger Security International, 2006.

COHEN, J. E. *Configuring the Networked Self*: Law, Code, and the Play of Everyday Practice. New Haven: Yale University Press, 2012.

COMISSÃO MUNDIAL SOBRE MEIO AMBIENTE E DESENVOLVIMENTO. *Our Common Future*. Oxford: Oxford University Press, 1987.

COSTA, Ana; LIMA, Carlos. *Políticas para a Inclusão Digital*: Caminhos para uma Sociedade Tecnológica Equitativa. Rio de Janeiro: Editora Nova Onda, 2023.

COSTA, Fernanda; SILVA, João. *Bioética na Era da Engenharia Genética*. Rio de Janeiro: Editora Genética, 2022.

COSTA, G., LIMA, H. *Inclusão Digital*: Caminhos para uma Sociedade Mais Justa. Brasília: Editora UnB, 2023.

DASKAL, J. C. *The Un-Territoriality of Data*. Yale Law Journal, v. 125, p. 326-390, 2015.

DAVENPORT, Thomas H. *Process Innovation: Reengineering Work Through Information Technology*. Boston, MA: Harvard Business School Press, 1993.

DEIBERT, R. *Black Code*: Surveillance, Privacy, and the Dark Side of the Internet. Toronto: McClelland & Stewart, 2013.

DIAMOND, Jared. *Armas, Germes e Aço*. Rio de Janeiro: Editora Record, 2003.

DONEDA, D. *Da privacidade à proteção de dados pessoais*. Rio de Janeiro: Renovar, 2019.

DUDERSTADT, James J.; ATKINS, Daniel E.; VAN HOUWELING, Douglas. *The Digital Turn in Higher Education*. Nova Iorque: Springer, 2002.

DWORKIN, R. *The Threat to Patriotism*. The New York Review of Books, v. 49, n. 3, 2002.

EDELMAN. *Edelman Trust Barometer 2020*. Global Report. [s.l: s.n.] 2020. Disponível em:<https://cdn2.hubspot.net/hubfs/440941/ Trust%20Barometer%202020/2020%20Edelman%20Trust%20 Barometer%20Global%20Report.pdf?utm_campaign=Global:%20 Trust%20Barometer%202020&utm_source=Website%3E.%20 Acesso%20em:%2008%20out.%202024.>. Acesso em: 08 out. 2024.

ELKINGTON, J. *Green Swans: The Coming Boom in Regenerative Capitalism*. Fast Company Press, 2020.

ESTY, D.C.; WINSTON, A.S. *Green to Gold: How Smart Companies Use Environmental Strategy to Innovate, Create Value, and Build a Competitive Advantage*. Yale University Press, 2009.

EUBANKS, Virginia. *Automating Inequality*: How High-Tech Tools Profile, Police, and Punish the Poor. Nova Iorque: St. Martin's Press, 2018.

FAULKNER, Wendy. *Doing Gender in Engineering Workplace Cultures*: Observations from the Field. Gender, Work & Organization, 2009.

FENSTER, M. *The Transparency Fix*: Secrets, Leaks, and Uncontrollable Government Information. Stanford, CA: Stanford University Press, 2006.

FERNANDES, F. *Desigualdade Digital e Econômica*. Belo Horizonte: Editora UFMG, 2022.

FERNANDES, João. *Desigualdade na Era Digital*. São Paulo: Editora Tech, 2022.

FERREIRA, Luísa. *Tecnologia e Desenvolvimento Cognitivo*: Desafios e Oportunidades. Rio de Janeiro: Editora Cérebro Ativo, 2023.

FOUCAULT, M. *Vigiar e Punir: Nascimento da Prisão*. Tradução de Raquel Ramalhete. Petrópolis: Editora Vozes, 1975.

FRIEDEWALD, M.; WRIGHT, D.; GUTWIRTH, S.; MORDINI, E. *Privacy, data protection and emerging sciences and technologies: towards a common framework*. Innovation The European Journal of Social Science Research, v. 23, n. 1, p. 61–67, 1 mar. 2010.

FRIEDMAN, T. L. *The World is Flat: A Brief History of the Twenty-first Century*. Farrar, Straus and Giroux, 2005.

FUCHS, Christian. *Social Media: A Critical Introduction*. Sage, 2017.

FUCHS, Christian. *Social Media and the Public Sphere*. TripleC, 2014.

FUSS, S. *et al*. Betting on negative emissions. *Nature Climate Change*, v. 4, n. 10, p. 850-853, 2014.

FYFE, N. R.; BANNISTER, J. *City Watching: Closed-circuit Television in Public Spaces*. Area, v. 28, n. 1, p. 37-46, 1996.

GABRYS, Jennifer. *Digital Rubbish: A Natural History of Electronics*. Ann Arbor: University of Michigan Press, 2011.

GARRETT, R.K. *Social media's contribution to political misperceptions in U.S. Presidential elections*. PLOS ONE, v. 14, n. 3, e0213500, 2019.

GATES, K. *Our Biometric Future: Facial Recognition Technology and the Culture of Surveillance*. Nova Iorque: NYU Press.

GATES, M. *The moment of lift: how empowering women changes the world*. 1. ed. New York: Flatiron Books, 2019. 288 p.

GELLMAN, B.; POITRAS, L. *U.S., British intelligence mining data from nine U.S. Internet companies in broad secret program.* The Washington Post, 2013. Disponível em: <https://www.washingtonpost.com/investigations/us-intelligence-mining-data-from-nine-us-internet-companies-in-broad-secret-program/2013/06/06/3a0c0da8-cebf-11e2-8845-d970ccb04497_story.html>. Acesso em: 8 out. 2024.

GILLESPIE, T. *Custodians of the Internet: Platforms, Content Moderation, and the Hidden Decisions That Shape Social Media.* Yale University Press, 2018.

GRAU, O. *Virtual Art: From Illusion to Immersion.* MIT Press, 2003.

GRAVES, Lucas. *Understanding the Promise and Limits of Automated Fact-Checking.* Oxford: Reuters Institute for the Study of Journalism, 2018. Disponível em: https://reutersinstitute.politics.ox.ac.uk/our-research/understanding-promise-and-limits-automated-fact-checking. Acesso em: 8 jul. 2024.

GREEN, Andy. *Education and State Formation*: The Rise of Education Systems in England, France and the USA. Londres: Macmillan, 1990.

GREENWALD, G. *No Place to Hide*: Edward Snowden, the NSA, and the U.S. Surveillance State. Metropolitan Books, 2014.

HAGGERTY, K. D; ERICSON, R. V. *The Surveillant Assemblage.* British Journal of Sociology, v. 51, n. 4, p. 605-622, 2000.

HARARI, Y. N. *Homo Deus: A Brief History of Tomorrow.* Harper, 2016.

HARDY, Cynthia; MAGUIRE, Steve. *Discursando a Ciência.* Organizational Studies, 2010.

HATHAWAY, O. A.; KLIMBURG, A. *The International Dimension of Cyber Security.* Journal of International Affairs, v. 66, n. 1, p. 127-148.

HAWKEN, P. *Drawdown: The Most Comprehensive Plan Ever Proposed to Reverse Global Warming.* Penguin Books, 2017.

HAWKEN, Paul; LOVINS, Amory; LOVINS, L. Hunter. Natural *Capitalism: Creating the Next Industrial Revolution.* Boston: Little, Brown and Co, 1999.

HOBBS, R. *Mind Over Media: Propaganda Education for a Digital Age.*
Routledge, 2018.

HOBSBAWM, Eric J. *A Era das Revoluções: 1789-1848.* Rio de Janeiro:
Paz e Terra, 1996.

HOBSBAWM, Eric J. *A Era das Revoluções: 1789-1848.* São Paulo: Paz
e Terra, 1962.

HOBSBAWM, Eric J. *A Era do Capital: 1848-1875.* São Paulo: Paz e
Terra, 1968.

HODGES, A. *Alan Turing: The Enigma.* Princeton University Press,
1992.

HUMAN RIGHTS WATCH. *Myanmar: Events of 2018 ,* 2019.
Disponível em: <https://www.hrw.org/world-report/2019/country-
chapters/myanmar>. Acesso em: 8 out. 2024.

INTERNATIONAL ENERGY AGENCY (IEA). *World energy outlook
2020. Paris: IEA, 2020.* Disponível em: https://www.iea.org/reports/
world-energy-outlook-2020. Acesso em: 08 out. 2024. Licença: CC BY
4.0.

IPCC. *Special Report Global Warming of 1.5 ºC,* 2018. Disponível em:
<https://www.ipcc.ch/sr15/>. Acesso em: 8 out. 2024.

JACOBSON, M.Z.; DELUCCHI, M.A. *Providing all global energy with
wind, water, and solar power.* Energy Policy, v. 39, n. 3, p. 1154-1169,
2011.

JASANOFF, Sheila. *States of Knowledge: The Co-Production of Science
and Social Order.* Londres: Routledge, 2004.

JASANOFF, Sheila. *The Fifth Branch: Science Advisers as Policymakers.*
Cambridge, MA: Harvard University Press, 1990.

JENKINS, H. *Convergence Culture: Where Old and New Media Collide.*
New York University Press, 2006.

JENKINS, J.D.; LUKE, M.; THERNSTROM, S. *Getting to zero carbon
emissions in the electric power sector.* Joule, v. 2, n. 22, p. 2498-2510,
2018.

KHANNA, P. *O Amanhã Tecnológico: As Mudanças que Vão Transformar o Mundo*. Editora XYZ, 2021.

KHANNA, Tanuj. *Tech Health: Como a Tecnologia Transformou a Saúde*. Nova Iorque: Penguin, 2019.

KITCHER, Philip. *Science, Truth, and Democracy*. Oxford: Oxford University Press, 2001.

KLEIN, S. J. W.; WHALLEY, S.; VENETSANOS, K. *The economic impact of the transition to renewable energy*. Energy Policy, v. 85, p. 288-294, 2015.

KOSKELA, H. *Webcams, TV Shows and Mobile phones: Empowering Exhibitionism*. Surveillance & Society, v. 2, n. 2/3, p. 199-215, 2004.

KUHN, Thomas S. A Estrutura das Revoluções Científicas. 2. ed. São Paulo: Editora Perspectiva, 1970.

KUNER, C. *et al*. *The EU General Data Protection Regulation (GDPR)*: A Commentary. Oxford: Oxford University Press, 2020.

LANDES, David S. Revolução na Tecnologia do Tempo. Belo Horizonte: Editora UFMG, 1983.

LASZLO, C.; ZHEXEMBAYEVA, N. *Embedded Sustainability*: The Next Big Competitive Advantage. Stanford Business Books, 2011.

LATOUR, Bruno. *Science in Action*: How to Follow Scientists and Engineers Through Society. Cambridge, MA: Harvard University Press, 1987.

LAZER, D. *et al*. The science of fake news. *Science*, v. 359, n. 6380, p. 1094-1096, 2018.

LECUN, Y.; BENGIO, Y.; HINTON, G. *Deep Learning*. Nature, 2015.

LÉVY, P. *Cibercultura*. São Paulo: Editora 34, 1999.

LEWANDOWSKY, S.; ECKER, U. K. H.; COOK, J. *Beyond Misinformation: Understanding and Coping with the Post-Truth Era*. Psychology Press, 2017.

LI, Fei-Fei et al. *The Stanford Emerging Technology Review 2023. A Report on Ten Key Technologies and Their Policy Implications*. [s.l: s.n.].

Disponível em: <https://setr.stanford.edu/sites/default/files/2023-11/SETR_web_231120.pdf>. Acesso em 08 out. 2024.

LOVINS, A.; COHEN, B. *Climate: A New Story*. Chelsea Green Publishing, 2018.

LOVINS, A.B. *Reinventing fire*: Bold business solutions for the new energy era. Chelsea Green Publishing, 2011.

LYON, D. *Surveillance Society*: Monitoring Everyday Life. Buckingham: Open University Press, 2001.

LYON, D. *Surveillance after September 11*. Cambridge: Polity Press, 2003.

LYON, D. *Surveillance Studies: An Overview*. Cambridge: Polity, 2007.

LYON, D. *Surveillance after Snowden*. Polity Press, 2015.

MANOVICH, L. *The Language of New Media*. MIT Press, 2001.

MARWICK, A.; LEWIS, R. *Media Manipulation and Disinformation Online*. Data & Society Research Institute, 2017. Disponível em: <https://datasociety.net/library/media-manipulation-and-disinfo-online/>. Acesso em: 8 out. 2024.

MATTOSO, J. *Tecnologia e emprego: uma relação conflituosa. São Paulo em Perspectiva*, v. 9, n. 4, p. 3-10, 2000. Disponível em: https://www.scielo.br/j/spp/a/dwfpMFSDhhrXhG58JqL8KVj/?lang=pt. Acesso em: 08 out. 2024.

MAYER-SCHÖNBERGER, V.; CUKIER, K. *Big data: A Revolution That Will Transform How We Live, Work, and Think*. Houghton Mifflin Harcourt, 2013.

MAYER-SCHÖNBERGER, V. *Delete: The Virtue of Forgetting in the Digital Age*. Princeton, NJ: Princeton University Press, 2009.

MCCORMACK, J.; D'INVERNO, M. AI and Art: Artificial Creativity and Authorship. I*n: The Oxford Handbook of Computational Creativity*, Oxford University Press, 2019.

MCLUHAN, M. *Understanding Media*: The Extensions of Man. McGraw-Hill, 1964.

MCLUHAN, Marshall. *Os Meios de Comunicação como Extensões do Homem*. Nova York: McGraw-Hill, 1964.

MEADOWS, Donella H.; RANDERS, Jørgen; MEADOWS, Dennis. *Limits to Growth: The 30-Year Update*. Chelsea Green Publishing, 2004.

MIT TECHNOLOGY REVIEW. *Four trends that changed AI in 2023*. Disponível em: MIT Technology Review, 2023.

MONAHAN, T. *Surveillance in the Time of Insecurity*. New Brunswick, NJ: Rutgers University Press, 2010.

NOBLE, Safiya Umoja. *Algorithms of Oppression: How Search Engines Reinforce Racism*. Nova Iorque: NYU Press, 2018.

NORRIS, C.; ARMSTRONG, G. *The Maximum Surveillance Society: The Rise of CCTV*. Oxford: Berg, 1999.

NORRIS, Pippa. *Digital Divide: Civic Engagement, Information Poverty, and the Internet Worldwide*. Cambridge: Cambridge University Press, 2001.

NUVOLARI, Alessandro. *Collective Invention During the British Industrial Revolution*: The Case of the Cornish Pumping Engine. Cambridge Journal of Economics, 2004.

OHCHR. *New and emerging technologies need urgent oversight and robust transparency*: UN experts, 2023. Disponível em: <https://www.ohchr.org/en/press-releases/2023/06/new-and-emerging-technologies-need-urgent-oversight-and-robust-transparency>. Acesso em: 8 out. 2024.

O'NEIL, Cathy. *Weapons of Math Destruction: How Big data Increases Inequality and Threatens Democracy*. Nova Iorque: Crown Publishing Group, 2016.

ORGANIZAÇÃO DAS NAÇÕES UNIDAS (ONU). *The Global E-waste Monitor 2019*: Quantities, Flows, and Resources, 2019.

PARISER, E. *The Filter Bubble*: What the Internet is Hiding from You. London: Penguin Books, 2011.

PASQUALE, F. *The Black Box Society*: The Secret algorithms That Control Money and Information. Harvard University Press, 2015.

PENNYCOOK, G.; RAND, D.G. *Fighting misinformation on social media using crowdsourced judgments of news source quality.* Proceedings of the National Academy of Sciences, v. 117, n. 6, p. 2775-2783, 2020.

PEREIRA, Ana; OLIVEIRA, Carlos. *Acesso e Inclusão Digital no Contexto Educativo.* Porto Alegre: Editora Escola do Amanhã, 2022.

PEREIRA, D.; OLIVEIRA, E. *Economia Gig e a Revolução no Trabalho.* Porto Alegre: Editora UFRGS, 2020.

PEREIRA, Joana; OLIVEIRA, Mateus. Inclusão Digital na Educação: Desafios e Oportunidades. Porto Alegre: Editora Educação Inclusiva, 2022.

PEREIRA, João. *Tecnologia e Saúde Mental: Desafios e Soluções.* São Paulo: Editora Psi, 2023.

PEREIRA, Luana. *Tecnologia e Saúde Mental: Desafios e Soluções.* Porto Alegre: Editora Mente Sã, 2023.

POPPER, Karl. *A Lógica da Pesquisa Científica.* São Paulo: Editora Cultrix, 2008.

POSTMAN, N. *Amusing Ourselves to Death: Public Discourse in the Age of Show Business.* Viking, 1985.

REN21. *Renewables 2020 Global Status Report.* Paris: REN21 Secretariat, 2020.

RICHARDS, N. M. *The Dangers of Surveillance.* Harvard Law Review, 2013.

RICHARDS, N. M.; SOLOVE, D. J. *Privacy's Other Path*: Recovering the Law of Confidentiality. Georgetown Law Journal, v. 101, p. 123-175, 2013.

RIFKIN, Jeremy. *The End of Work.* Nova Iorque: G.P. Putnam's Sons, 1995.

ROBERTS, A. *Blacked Out: Government Secrecy in the Information Age.* Cambridge: Cambridge University Press, 2006.

RUSSELL, S.; NORVIG, P. *Artificial Intelligence*: A Modern Approach. Pearson, 2016.

RUSSELL, Stuart. *Human Compatible*: Artificial Intelligence and the Problem of Control. Berkeley: University of California Press, 2019.

SACHS, Jeffrey D. *The Age of Sustainable Development*. Nova Iorque: Columbia University Press, 2015.

SANDERS, K. *7 AI predictions for 2023 from IT leaders*. THE ENTERPRISERS PROJECT. 2023. Disponível em: <https://enterprisersproject.com/article/2022/12/ai-predictions-2023>. Acesso em: 8 out. 2024.

SANDOVAL, G.; FRIED, I. *Sony Pictures hack: How it happened, who is responsible, and what we've learned*. CNET. [Online], 2014.

SCHIVELBUSCH, Wolfgang. *The Railway Journey: The Industrialization of Time and Space in the 19th Century*. Berkeley: University of California Press, 1986.

SCHWAB, K. *The Fourth Industrial Revolution*. World Economic Forum, 2016.

SELWYN, Neil. *Education and Technology: Key Issues and Debates*. 2. ed. Londres: Bloomsbury Academic, 2014.

SELYUKH, A. Apple Vs. The FBI:*The Unanswered Questions And Unsettled Issues*. NPR. 2016. Disponível em: <https://www.npr.org/sections/alltechconsidered/2016/03/29/472141323/apple-vs-the-fbi-the-unanswered-questions-and-unsettled-issues>. Acesso em: 9 out. 2024.

SHIRKY, Clay. *Cognitive Surplus: Creativity and Generosity in a Connected Age*. Nova Iorque: Penguin Press, 2010.

SHU, K. *et al*. Fake News Detection on Social Media. *ACM SIGKDD Explorations Newsletter*, v. 19, n. 1, p. 22–36, 1 set. 2017

SILVA, B.; SANTOS, C. *O Futuro do Trabalho na Era Digital*. Rio de Janeiro: Editora FGV, 2021.

SILVA, Maria; CASTRO, João. *Inovações Tecnológicas na Educação*. São Paulo: Editora Educação Futura, 2021.

SIMON, J. *Governing Through Crime*: How the War on Crime Transformed American Democracy and Created a Culture of Fear. Oxford: Oxford University Press, 2007.

SOLOVE, D. J. *The Digital Person*: Technology and Privacy in the Information Age. Nova Iorque: NYU Press, 2004.

SOLOVE, D. J. *Nothing to Hide: The False Tradeoff between Privacy and Security*. New Haven: Yale University Press, 2011.

SOLOVE, D. J. *Understanding Privacy*. Harvard University Press, 2020.

SOLOVE, D. J.; SCHWARTZ, P. M. *Information Privacy Law*. Nova Iorque: Aspen Publishers, 2020.

SONTAG, S. *On Photography*. Farrar, Straus and Giroux, 1977.

SOUZA, Márcia; ALMEIDA, Roberto. *Tecnologia na Medicina Moderna*. São Paulo: Editora Saúde, 2021.

SOUZA, Mariana; ALMEIDA, Roberto. *Inovações Tecnológicas na Medicina Contemporânea*. São Paulo: Editora Saúde e Tecnologia, 2021.

STILGOE, Jack; OWEN, Richard; MACNAGHTEN, Phil. *Developing a Framework for Responsible Innovation*. Research Policy, 2013.

SUNSTEIN, C. R. *#Republic: Divided Democracy in the Age of Social Media*. Princeton University Press, 2017.

TANDOC Jr., E. C.; LIM, Z. W.; LING, R. *Defining Fake News*. Digital Journalism, 2018.

TAPSCOTT, Don. *Growing Up Digital*: The Rise of the Net Generation. Nova Iorque: McGraw-Hill, 1998.

TECHROUND. *Expert Predictions For AI in 2023*, 2023. Disponível em: <https://techround.co.uk/guides/expert-predictions-for-ai-in-2023/>. Acesso em: 9 out. 2024.

THOMPSON, E. P. *The Making of the English Working Class*. Londres: Victor Gollancz, 1963.

TOPOL, Eric. *The Creative Destruction of Medicine*: How the Digital Revolution Will Create Better Health Care. Nova Iorque: Basic Books, 2012.

TURING, A. M. *Computing Machinery and Intelligence*. In: Mind, 1950.

UNITED NATIONS. *The Global E-waste Monitor 2019*: Quantities, Flows, and Resources, 2019.

VAN DIJK, Jan A.G.M. *Digital Divide: The New Challenges and Opportunities of e-Inclusion*. Public Administration and Information Technology, 2006.

VAUPEL, James W. *Biodemography of Human Ageing*. Nature, 2010.

VOGEL, David. *Regulating Innovation: European Approaches to Technology and Risk*. New York: Cambridge University Press, 2012.

VOSOUGHI, S.; ROY, D.; ARAL, S. *The spread of true and false news online*. Science, v. 359, n. 6380, p. 1146-1151, 2018.

WALDRON, J. *Security and Liberty: The Image of Balance*. Journal of Political Philosophy, v. 11, n. 2, p. 191-210, 2003.

WARDLE, C.; DERAKHSHAN, H. *Information Disorder: Toward an Interdisciplinary Framework for Research and Policymaking*. Council of Europe report DGI(2017)09, 2017.

WARREN, S. D.; BRANDEIS, L. D. *The Right to Privacy*. Harvard Law Review, v. 4, n. 5, p. 193-220, 1890.

WESTIN, A. F. *Privacy and Freedom*. Nova Iorque: Atheneum, 1967.

WILLIAMS, Raymond. *A Cultura e a Sociedade: 1780-1950*. Londres: Chatto & Windus, 1961.

WINNER, Langdon. *A Arte de Inovar: Política, Arte e Mudança Social na Tecnologi*a. Nova York: Simon & Schuster, 1986.

WINNER, Langdon. *Do Artifacts Have Politics?* Daedalus, 1980.

ZEGART, A. B. *Spying Blind: The CIA, the FBI, and the Origins of 9/11*. Princeton, NJ: Princeton University Press, 2011.

ZENG, X.; GONG, R.; CHEN, W.Q.; LI, J. *Uncovering the Recycling Potential of "New" WEEE in China*. Environmental Science & Technology, v. 52, n. 3, p. 1347-1358, 2018.

ZHAO, S.; GRASMUCK, S.; MARTIN, J. *Identity Construction on Facebook*: Digital Empowerment in Anchored Relationships. Computers in Human Behavior, v. 24, n. 5, 2008.

ZUBOFF, S. *The Age of Surveillance Capitalism*: The Fight for a Human Future at the New Frontier of Power. PublicAffairs, 2019.